Sebastian Domsch

Brooklyn
Ort der Literatur

Sebastian Domsch ist Professor für Anglophone Literaturen und Kulturen und Geschäftsführender Direktor des IfAA in Greifswald. Er ist Mitherausgeber des »Kritischen Lexikons zur fremdsprachigen Gegenwartsliteratur« und verfasste u. a. Monografien über Robert Coover, Cormac McCarthy, Literaturkritik des 18. Jahrhunderts und Computerspiele.

Sebastian Domsch

Brooklyn

Ort der Literatur

et+k
edition text+kritik

Bibliografische Information der Deutschen Nationalbibliothek
Die Deutsche Nationalbibliothek verzeichnet diese Publikation in der Deutschen Nationalbibliografie; detaillierte bibliografische Daten sind im Internet über www.dnb.de abrufbar.

ISBN 978-3-96707-959-3

Umschlaggestaltung: Thomas Scheer
Umschlagabbildung: MaciejBledowski – stock.adobe.com
Abbildung S. 130/131: © Momcilo – stock.adobe.com

Levelingstraße 6a, 81673 München
www.etk-muenchen.de

Satz: Claudia Wild, Konstanz
Druck und Buchbinder: Laupp & Göbel, Robert-Bosch-Straße 42, 72810 Gomaringen

Inhalt

Brooklyn ist Amerika

»Everyone who does not live in Berlin lives
in Brooklyn now.« — Don DeLillo

»I once started out to walk around the world but
ended up in Brooklyn.« — Lawrence Ferlinghetti

Jahrzehntelang im Schatten des megalomanen Manhattan hat sich Brooklyn vor allem seit der Jahrtausendwende zu so etwas wie dem ironisch schlagenden Herzen der amerikanischen Gegenwartsliteratur entwickelt. Das Viertel folgt dabei der ambivalenten Entwicklung so vieler Künstlermekkas: Die Scharen der sich in den nach und nach renovierten historischen »Brownstones« ansiedelnden Schriftsteller, Künstler und überhaupt Hipster jeder Art bringen das Ende jener abgerackerten urbanen Authentizität mit sich, die sie selbst angelockt hatte. Niedergang und Gentrifizierung, beides ist ein wesentlicher Bestandteil des Brooklyn-Mythos und lässt in seiner Verschränkung literarische Legenden entstehen.

Dieser Band möchte das literarische Erbe ebenso wie die literarische Gegenwart Brooklyns erfahrbar machen, eine Reise zu den Plätzen, Menschen und Büchern, die diesen Ort prägen, der schon immer eine Chiffre für das Amerika der Gegenwart gewesen ist, im 20. wie im 21. Jahrhundert. Zu diesem Zweck bringt er drei Annäherungsweisen zusammen und in Dialog miteinander. Ein geschichtlicher Rückblick zeigt auf, welche Rolle Brooklyn seit seiner Gründung immer schon in der Entwicklung der amerikanischen Literatur gespielt hat und welche symbolischen Bedeutungen der zunächst eigenständigen Stadt und später dem Stadtteil von New York City zugeschrieben wurden. Der Bogen spannt sich hier von Walt Whitmans Rhapsodien auf die Brooklyn Ferry über Hart Cranes modernistischer Feier der Brooklyn Bridge sowie die Einwanderungsgeschichten von Bernard Malamud und Chaim Potok bis zu den Niedergangsvisionen Hubert Selbys und den Beginn des »Brooklyn Cool« bei Truman Capote und der Künstlerkommune February House. Exemplarische Romanlektüren aus dem 21. Jahrhundert führen dann in die Gegenwart, in der Autor:innen wie Jonatham Lethem oder Paula Fox zwischen Nostalgie, Gesellschaftskritik und Selbstironie am Mythos fortschreiben und ihn dabei weiter komplizieren. Eingestreut in diese Teile werden Kurzessays, die die literarische Geografie des historischen wie gegenwärtigen Brooklyns beleuchten: literarische Gedenkorte, aber auch Buchhandlungen oder Literaturcafés.

Ellis Island mit seiner Einwanderungsabfertigung mag das buchstäbliche Eingangstor Amerikas gewesen sein, aber seit seiner Gründung ist Brooklyn wie kaum ein anderer Ort für immer neue Generationen aus immer neuen Kontexten zur Heimat geworden. Angeblich kann einer von sieben Menschen in den Vereinigten Staaten seine Familie bis nach Brooklyn zurückverfolgen.

Brooklyn is America, so lautete der Titel eines Buches über den Stadtteil von Ralph Foster Weld aus dem Jahr 1967. Dieser Tage scheint Brooklyn schließlich fast schon ein Synonym für amerikanische Gegenwartsliteratur zu sein. Der Romancier Colson Whitehead, selbst mittlerweile dort ansässig, schrieb 2008 in einem Essay der *New York Times*: »Google ›brooklyn writer‹ and you'll get, *Did you mean: the future of literature as we know it?*«

Das war nicht immer so – zumindest nicht immer so offensichtlich. Brooklyn war auch über lange Strecken ›out‹, ausgezählt wie ein in den Seilen hängender Boxer; nichts und niemand kam aus Brooklyn, und wenn, dann gab man es nicht zu – bis man es dann doch tat. Denn unterhalb des offenen Stigmas (arm, verkommen, perspektivlos, gewaltvoll) schwang doch mindestens der Anklang von ›Geheimtipp‹ mit (aufregend, unkonventionell, authentisch, innovativ). Schon in James Baldwins 1962 veröffentlichtem Roman *Another Country* findet sich folgender Dialog:

> »My novel's about Brooklyn.« »The tree? Or the kids or the murderers or the junkies?« Vivaldo swallowed. »All of them.« »That's quite an assignment. And if you don't mind my saying so, it sounds just a little bit old fashioned.« He put his hand before his mouth and burped. »Brooklyn's been done. And done.«

»Brooklyn's been done« – mit der Implikation, dass die Literatur dem, was bereits über den Stadtteil gesagt wurde, nichts mehr hinzuzufügen hätte. Doch der seit dieser Zeit nicht abreißende, sondern im Gegenteil stetig anschwellende Strom an Romanen und Memoiren aus und über Brooklyn zeigt, das kaum jemand – Leser:innen oder Autor:innen – dieser Aussage zustimmen würde. Brooklyn ist zur Literaturfabrik im Amerika des 21. Jahrhunderts geworden, eine faszinierende literarische Landschaft, die in ihrer Konzentration auch durchaus überzogene Nabelschau enthält (Autoren aus Brooklyn, die Romane darüber schreiben, was es bedeutet, ein Autor aus Brooklyn zu sein), die aber eben auch die ganze Breite der amerikanischen Erfahrung reflektiert.

Was aber soll, was kann ein Buch über Bücher über einen Ort leisten? Sollte man nicht viel lieber direkt dorthin reisen, statt darüber zu lesen, was andere dazu zu sagen hatten und haben? Abgesehen davon, dass in einem hippen gentrifizierten Café vermutlich schon der Kaffee und Donut so viel kosten wie dieses Buch, ließe sich überspitzt formulieren, dass eine solche Reise vergebens wäre, da es das Brooklyn, das man suchen mag, gar nicht gibt. Man müsste den Ort, sofern er mit Bedeutung aufgeladen sein soll, wohl eigentlich immer in Anführungszeichen schreiben. Denn es ist die zentrale Paradoxie von »Brooklyn«, dass sich Authentizität und Artifizialität, das unglamourös Reale und das (im Guten wie im Schlechten) mythisch Überhöhte in einer Weise durchdringen, ja regelrecht gegenseitig bedingen und dadurch unweigerlich entziehen und nicht zu trennen sind. Brooklyns ultimativer Mythos ist der des Unmythischen.

Ein Buch wie dieses ist daher eine Reise an einen Ort, der sich jedem realen Zugriff entzieht, ein Anti-Stratford-upon-Avon. Während in dem Geburtsort Shakespeares eine literarische Vergangenheit museal vor Ort konserviert wird, die die gesamte frühneuzeitliche Welt umfasst – mit der Ausnahme von Stratford-upon-Avon, über das Shakespeare kein Wort verloren hat –, liefert Brooklyn selbst den Stoff für die Literatur, indem es als ein Nicht-Ort funktioniert: als bedrohliche urbane Wildnis, ein Nicht-Ort im Sinne des französischen Anthropologen Marc Auré, aber auch eine idealisierte Utopie (U-topos, griechisch für Nicht-Ort), der entweder in der persönlichen Vergangenheit liegt oder beständig vom rasanten sozialen Wandel bedroht ist.

Insofern folgt Brooklyn einer Variante der Heisenberg'schen Unschärferelation: Jeder Versuch, seine Besonderheit in der literarischen Beschreibung zu bannen und zu bewahren, führt dazu, dass die beschriebene Realität umso ungreifbarer wird. Daher ist dieses Buch weniger ein Reiseführer zu realen Orten als einer zur Idee von realen Orten, oft auch zur Nostalgie von diesen Orten. Thomas Wolfes Kurzgeschichte »Only the Dead Know Brooklyn« von 1937 beginnt mit den Worten: »Dere's no guy livin' dat knows Brooklyn troo an' troo«.

Welches Hilfsmittel braucht man, um sich in Brooklyn zurechtzufinden? Jeder echte (wozu natürlich auch die Zugezogenen zählen) Brooklyner würde sagen: Keines ist adäquat bis auf die eigene Erfahrung, aber selbst die ist unzulänglich, siehe der längst sprichwörtlich gewordene Titel von Wolfes Geschichte. In dieser begegnet der Erzähler einem merkwürdigen Mann – vielleicht betrunken, vielleicht geistig verwirrt, vielleicht auch nur eine verlorene Seele in der urbanen Gegenwartshölle –, der Teile von Brooklyn erkundet, weil ihm deren Namen gefallen. Als ob dies nicht bereits absurd genug wäre – wer würde schon auf die Idee kommen, Brooklyn aus touristischer Neugier zu besuchen? –, verlässt sich der Fremde dabei gar auf einen Stadtplan.

> »You ain't eveh gonna get to know Brooklyn«, I says. »Not in a hundred yeahs. I been livin' heah all my life«, I says, »an' I don't even know all deh is to know about it, so how do you expect to know duh town«, I says, »when yuh don't even live heah?«
> »Yes«, he says, »but I got a map to help me find my way about.«
> »Map or no map«, I says, »yuh ain't gonna get to know Brooklyn wit no map«, I says.

Also kein Stadtplan, der ist ohnehin bereits viel zu schnell veraltet; er müsste schon wie ein Palimpsest aus unzähligen übereinanderliegenden Schichten bestehen, die die beständigen Veränderungen abbilden, wo sich die Zubringerstraßen wie der Brooklyn-Queens-Expressway wie eine Schneise der Verwüstung durch Wohnviertel graben und literarische Gedenkorte wie das February House hinwegspülen, wo aus dem heruntergekommenen Gowanus (ein unattraktiver, nach einem stinkenden Abwasserkanal benannter Stadtteil in Brooklyn) über Nacht das sich putzende Boerum Hill (jetzt ein gehobener Stadtteil in Brooklyn, der an die lange holländische Besiedlungsgeschichte anknüpft) wird, und aus Industriebrachen kreative Oasen werden. Doch wenn es nur die gelebte Erfahrung ist, die Brooklyn erkennbar macht, und noch dazu eine Erfahrung, die stets unerreichbar ist – entrückt in der Vergangenheit (»Man muss halt dabei gewesen sein!«), dann ist das »next best thing« doch unweigerlich jenes Medium, das wie kein anderes geeignet ist, um menschliches Erfahren zu bewahren und zu kommunizieren: die Literatur.

Geschichte

Das Fundament, auf dem Brooklyn steht, ist ein eiszeitliches Relikt. Die ganze als »Long Island« bekannte Insel, auf der neben Brooklyn auch Queens sowie Nassau County und Suffolk County Platz finden, entstand vor etwa 10 000 Jahren aus einer gewaltigen Endmoräne und dem dahinterliegenden Sander (Schotterebene). Es ist hochgradig faszinierend zu sehen, wie diese geologische Vorgeschichte noch heute die soziale Stadtgeografie prägt: Nördlich der Moräne, in direkter Nähe zu Manhattan, findet sich der Kernbereich der Gentrifizierung, wo Wohnraum längst unerschwinglich geworden und das Hipstertum auf dem Höhepunkt ist. »Sander«-Brooklyn, also die Bereiche südlich einer gedachten Linie von Owl's Head Park zur Broadway Junction an der Grenze zu Queens, dominiert nach wie vor eine untere Mittelschicht von Immigranten und Arbeitern, mit einigen echten Armutsvierteln.

Es ist der Rücken der Moräne, der die Grundlage bildet für das, was Walt Whitman in seinem Gedicht »Crossing Brooklyn Ferry« als »Brooklyn of ample hills« bezeichnen sollte, ein hügeliges Terrain, das zwar mittlerweile durch die intensive urbane Entwicklung kaum noch wahrnehmbar ist, aber dennoch seinen Niederschlag gefunden hat in vielen lokalen Ortsnamen, etwa Bay *Ridge*, Brooklyn *Heights*, Park *Slope*, *Prospect* Park, Crown *Heights*, Ocean *Hill*.

Lange vor diesen europäischen Namen gab es für diese Gegend ganz andere, in der Sprache der indigenen Munsee, die man als *Lenape* oder auch *Delawarisch* bezeichnet. Die Munsee bewohnten den westlichen Teil von Long Island seit etwa 500 n. Chr. Sie waren Fischer und Bauern, die die Küsten mit Kanus befuhren, wo sie mit Pfeil und Bogen oder Haken Fische jagten. Sie bauten Mais, Bohnen und Kürbisse an, und praktizierten eine Form der partizipativen Demokratie. Der italienische Seefahrer Giovanni da Verrazzano war der erste Europäer, der mit diesen Völkern in Kontakt kam, als er 1524 in die heutige New York Bay segelte. Fast auf den Tag genau 400 Jahre später malte sich Nick Carraway, der Erzähler von F. Scott Fitzgeralds Roman *The Great Gatsby* aus, wie sich dieser Moment der Entdeckung wohl angefühlt haben mochte, diese Begegnung mit »a fresh green breast of the new world«.

Ab 1634 begann die europäische Kolonisation der Insel, als die Holländer ihre Westspitze besiedelten. Das erste Dorf, das sie gründeten, war Midwout (heute Midwood), zwei Jahre später etablierte dann die Dutch-West-India-Company das Dorf Brueckelen. Nach der Übernahme von ganz New Netherlands durch die Briten (im Austausch gegen Surinam, im Nachhinein wohl kein guter Handel für die Holländer) fanden eine Reihe von Umbenennungen statt; aus New Amsterdam wurde New York und aus Brueckelen wurde Brooklyn.

Darüber hinaus änderte sich zunächst nicht viel. Bis zur Mitte des 19. Jahrhunderts sah Brooklyn noch weitgehend so aus wie in den holländischen Zeiten, ein weitestgehend ländlich geprägter Ort, dessen Bevölkerung noch bis 1800 die Grenze von 5000 Einwohnern nicht überschritt.

Im Brooklyn des Jahres 1823 gab es keine reguläre Polizei und keine öffentlichen Verkehrsmittel, flackernde Gaslampen wurden gerade erst eingeführt, um die unheimlich stillen, unbevölkerten nächtlichen Straßen zu beleuchten. Die Familien mussten sich um den Kamin versammeln, um zu kochen oder sich warm zu halten. Einige besaßen Pferde und eine Kutsche, aber sie hatten mit den zerfurchten, engen Feldwegen zu kämpfen, und es gab keinen organisierten Postkutschendienst. Die Bewohner hielten Schweine und Hühner, die tagsüber auf den Straßen herumliefen und den Müll neben den offenen Abwasserkanälen durchwühlten. Das Wasser wurde aus Straßenbrunnen geholt und nach Hause getragen. Tavernen und Ställe standen zwischen den Häusern und Baracken. Die Gerüche waren unangenehm. Östlich des Dorfes – auf einem Gelände, das heute dicht mit mehrstöckigen Wohnhäusern bebaut ist – befanden sich weitläufige grüne Felder, die noch immer größtenteils den Niederländern gehörten. Sie hielten ihre Grundstücke fest in der Hand und sicherten sich einen Markt für ihre Produkte und ihr Vieh im Dorf Brooklyn und in Manhattan.

Die Landwirtschaft versorgte die viel schneller wachsende Stadt auf der anderen Seite des Flusses und verließ sich dabei in wesentlich stärkerem Maße als die Nachbarinsel auf die Ausbeutung versklavter Menschen – ein erstes Anzeichen der Ambivalenzen und Widersprüche des Ortes, denn bald darauf entwickelte sich Brooklyn zu einem wichtigen Anlaufpunkt für Afroamerikaner, die der Sklaverei der Südstaaten entkommen waren.

Seinen Platz in der US-amerikanischen Geschichte aber nahm Brooklyn nicht im Bürgerkrieg ein, als es fernab des Kriegsgeschehens lag, sondern gut hundert Jahre früher im Unabhängigkeitskrieg gegen England, als das »Battle of Brooklyn« am 27. August 1776 alle Hoffnungen der Kolonisten zu zerschlagen drohte. Die Briten besiegten die Kontinentalarmee und verschafften sich Zugang zum strategisch wichtigen Hafen von New York, den sie für den Rest des Krieges hielten. Es war die erste große Schlacht, die nach der Unabhängigkeitserklärung der Vereinigten Staaten am 4. Juli 1776 in Philadelphia stattfand, die größte des Revolutionskrieges, sowohl was den Truppenaufmarsch als auch was die Kampfhandlungen betraf. Einer der Teilnehmer der Schlacht war der Großonkel von Walt Whitman, der an diesem Tag getötet wurde.

Die Amerikaner verloren 1200 Soldaten, was George Washington, der den Kampfhandlungen von einem Ort nahe der heutigen Kreuzung von Court Street und der Atlantic Avenue zusah, zu den Worten bewegte: »Good God! What brave fellows I must this day lose!« Der heroische Einsatz der Kämpfer aus Maryland hielt den Vormarsch der Briten lange genug auf, sodass es Washington schließlich gelang, den Rest seiner Armee in einer buchstäblichen Nacht-und-Nebel-Aktion über den East River zu retten. In hastig zusammengesuchten Booten setzten die Truppen in der Nacht über, und sie hatten das große Glück, dass bei Tagesanbruch tatsächlich Nebel aufkam, dadurch blieben ihre Bewegungen von den nahen Briten unbemerkt. Nur so konnte schließlich eine frühzeitige und entscheidende Niederlage im Krieg abgewendet werden. Die Bedeutung dieser Episode wurde dem Historiker Kenneth Jackson zufolge von einem zeitgenössischen Beobachter so gewürdigt: »The Declaration of Independence that was signed in ink in Philadelphia was signed in blood in Brooklyn.«

Im weiteren Verlauf des 19. Jahrhundert wurde der Teil der Besiedlung von Long Island, der Manhattan am nächsten war – die eigentliche Stadt Brooklyn – zur allerersten Pendlervorstadt Amerikas. Spätestens in dieser Zeit begannen die verschiedenen Dynamiken, die einen unablässigen täglichen Austausch von Menschen zwischen den beiden Städten herbeiführten: Landwirtschaftliche Erzeugnisse wanderten zunächst Richtung Manhattan, mit der Industrialisierung wurden die Fabriken von Williamsburg zum Anziehungspunkt für Arbeiter, die Vergnügungsattraktionen von Coney Island für Kurzurlauber und der 1828 gegründete Friedhof Green-Wood für einen Spaziergang oder die letzte Ruhestätte (1846 wurde eine eigene Fährlinie für den Friedhof eröffnet).

Der Ausgangspunkt für die dramatische Entwicklung Brooklyns von einem ruralen Hinterland zum größten Industriegebiet Amerikas lag in der Eröffnung des Erie Canals 1825. Da der East River natürlicherweise tiefer war als der Hudson River, hatte Brooklyn die besten Voraussetzungen, um in Konkurrenz zur Schiffsindustrie von Manhattan zu treten. Reedereien errichteten große Werften, und Fabriken begannen mit der Herstellung von Glas, Stahl, Chemikalien, Leim und anderen Produkten. 1860 erreichte die Bevölkerung bereits 400 000, was Brooklyn zur drittgrößten Stadt der Vereinigten Staaten machte (wenn es auch immer noch weniger als halb so groß wie Manhattan war). Quellen des Wachstums waren sowohl Einwanderung als auch Eingemeindung, denn die Stadt schluckte nach und nach ihre unmittelbaren Nachbarn. 1855 wurden Bushwick und Williamsburg einverleibt, New Lots im Jahr 1886, und die ehemaligen Agrarstädte Flatbush, Flatlands, Gravesend sowie New Utrecht 1896. Noch heute fällt bei einem Blick auf den Stadtplan zweierlei auf: zum einen die von vielen amerikanischen Städten wohlbekannte streng geometrische Organisation mit schachbrettartig parallel verlaufenden Straßen, zum anderen, dass hier mehrere Schachbretter in unregelmäßigen Winkeln aneinanderstoßen: Jedes dieser Muster basiert auf einer eigenen, unabhängigen Planung.

In den letzten beiden Jahrzehnten des 19. Jahrhunderts betrachtete sich Brooklyn als ernstzunehmender Rivale von New York, mit einer großen Schiffsindustrie und dem größten städtischen Friedhof Amerikas (zu dieser Zeit ein wichtiges Prestigeprojekt) und vor allem einer der größten Ingenieursleistungen der damaligen Zeit: der Brooklyn Bridge. Doch es war nicht zuletzt diese Verbindung, die den Austausch zwischen den beiden Seiten des Flusses so viel schneller und umfangreicher machte, die auch die Idee nahelegte, aus den beiden getrennten Städten eine zu machen.

Das erste Mal auf der literarischen Landkarte taucht Brooklyn mit Walt Whitman auf, dem großen Barden Amerikas, der zusammen mit Emily Dickinson in der zweiten Hälfte des 19. Jahrhunderts die Dichtung revolutionierte, und durch sein einzigartiges Werk zu einem der wesentlichen Wegbereiter der Moderne wurde. 1856 veröffentlichte Whitman in der zweiten, erweiterten Ausgabe seiner zentralen Gedichtsammlung *Leaves of Grass* ein Gedicht mit dem Titel »Sun-Down Poem«, in der Ausgabe von 1860 erhielt es dann seinen endgültigen Namen, »Crossing Brooklyn Ferry«.

Whitman, geboren am 31. Mai 1819 in West Hills, New York, war der erste Dichter, dem es nachhaltig gelang, eine neue poetische Form zu finden, die der Besonderheit der amerikanischen Erfahrung gerecht wurde, ohne von europäischen Vorbildern abhängig zu sein. Ein Bestreben, das bereits mehrere Generationen von Autor:innen vor ihm angetrieben hatte. Whitmans poetische Zeile ist expansiv, emphatisch und prophetisch, sie sprengt schon in ihrer Länge alle bisherigen Dichtungskonventionen. Es ist eine im innersten Kern demokratische Dichtung, denn ihr Gegenstand ist inklusiv, buchstäblich allumfassend; für Whitman ist nichts zu klein oder auch zu groß, um Erwähnung zu finden. Sein Auge richtet sich auf alle Teile der Gesellschaft und auf jeden Bereich des menschlichen Lebens, auf die erhabenen Orte Amerikas und die vergessenen. Es ist wohl kaum verwunderlich, dass er damit die Lesegewohnheiten seiner Zeitgenossen zunächst einmal überforderte. Obwohl er ein unermüdlicher Promoter seines eigenen Werkes war (so veröffentlichte er anonym positive Rezensionen zu seinem ersten Buch), dauerte es nach der Veröffentlichung der ersten Ausgabe von *Leaves of Grass* (1855) noch Jahrzehnte, bis er seinen heutigen Sitz im literarischen Pantheon einnahm. Lediglich die literarische Eminenz Ralph Waldo Emerson war hellsichtig genug zu erkennen, dass Whitman der wegweisende Dichter war, den er selbst in seinen Essays vorausgesagt hatte: »I greet you at the beginning of a great career«, schrieb er, nachdem Whitman ihm eine Ausgabe zugeschickt hatte – war dann aber weniger erfreut, als Whitman seinen Brief prompt und ohne nachzufragen, in der nächsten Ausgabe als Werbemittel abdruckte.

Whitman selbst lebte fast sein gesamtes Leben in Städten, vor allem in New York und in Brooklyn verbrachte er formende Jahre von der Mitte der 1830er bis in die frühen 1860er. Als er vier Jahre alt war, zog seine Familie aus Huntingdon nach Brooklyn, wo sie aufgrund von finanziellen Schwierigkeiten von einer Wohnung zur anderen wechselte, sodass der kleine Walt eine eher ruhelose und unglückliche Kindheit verbrachte. Eine seiner wenigen positiven Erinnerungen deutet allerdings bereits fast prophetisch auf seine literarische Verbindung zur Stadt voraus: Anlässlich der Feier zur Grundsteinlegung der Brooklyn Apprentices' Library am 4. Juli 1825 hob der Marquis de Lafayette ihn hoch und küsste ihn auf die Wange. Jahrzehnte später sollte Whitman in genau dieser Einrichtung als Bibliothekar tätig sein.

Zunächst aber musste er im Alter von elf Jahren die Schule verlassen – das Ende seiner formalen Bildung – und sich Arbeit suchen, um seine Familie zu unterstützen. Er fing als Bürojunge an und begann schließlich eine Schriftsetzerlehre bei der Wochenzeitung *The Patriot*, die Long Island abdeckte. Er lernte das Druckhandwerk und schrieb eventuell erste kurze Texte. Im Jahr darauf arbeitete er für Erastus Worthington, einen weiteren Drucker aus Brooklyn. Auch nachdem seine Familie zurück nach Long Island zog, blieb Whitman in der Stadt und arbeitete weiter in der Zeitungsbranche. Er genoss die Vorzüge des Stadtlebens, frequentierte regelmäßig die öffentliche Bücherei, wurde Mitglied eines Debattierclubs und besuchte das Theater.

Von 1846 bis 1848 gab Whitman als Chefredakteur den *Brooklyn Eagle* heraus, in dieser Zeit schrieb er sechsmal wöchentlich eine Kolumne. Er sah es als die Aufgabe der Presse an, das Publikum zu bilden und ihm moralische Werte zu vermitteln. So zeigen sich seine Zeitungstexte wesentlich weniger radikal als seine Dichtung, konventioneller dem Denken seiner Zeit verpflichtet. In seiner Eigenschaft als Musikkritiker lernte er die Oper kennen und lieben, die einen großen Einfluss auf die Entwicklung seiner dichterischen Form haben sollte. Darüber hinaus nahm er die Eindrücke und Erlebnisse der Stadt in sich auf, die an so vielen Stellen seiner Dichtung wieder auftauchen sollte.

Whitman, der in beiden Städten gelebt hatte, bevorzugte stets Brooklyn vor Manhattan. Auch wenn von dort der größere kulturelle Einfluss ausging, war ihm die Stadt zu überfüllt, zu sehr in einem vulgären Streben nach materiellem Erfolg verharrt. Wie er selbst schreibt: »With much greater attractions than our neighboring island of New York, Brooklyn is steadily drawing hither the best portion of the business population of the great adjacent metropolis, who find here a superior place for dwelling.« In einer Reihe von Artikeln, die er unter der Rubrik »Brooklynania« veröffentlichte, wird seine Verbundenheit deutlich, etwa wenn er schreibt, dass Brooklyns »situation for grandeur, beauty and salubrity is unsurpassed probably on the whole surface of the globe, and its destiny is to be among the most famed and choice of the half dozen of the leading cities of the world.« Die 17 Jahre, die er in Brooklyn verbrachte, waren die längste Zeit, die der unstete Whitman je an einem Ort blieb, und es waren die Jahre, die ihn zum Dichter machten.

Whitman, dessen Poetik aus der Romantik hervorgeht, besang auch die Landschaften und die unermessliche Natur Amerikas, aber anders als die romantischen Dichter wie William Wordsworth oder William Blake, denen er viel verdankte, wäre das Bild für ihn unvollständig ohne die moderne Stadt, das geschäftige Treiben einer stetig wachsenden Zivilisation. »New-York loves crowds – and I do, too«, schrieb er, »I can no more get along without houses, civilization, aggregations of humanity, meetings, hotels, theaters, than I can get along without food.« Beides, Natur und Zivilisation ergänzten sich komplementär, und erst in der Zusammenschau ergab sich für Whitman die Vision, die Amerika mythisieren konnte. Während für Wordsworth ein einsamer Rückzug in die Natur die Besinnung auf das Erhabene ebenso ermöglicht wie die Selbsterkenntnis als Teil dieses Erhabenen, steht für Whitman diese Form der Isolation dem demokratischen Geist entgegen, der sich nur aus einem sozialen Miteinander ergeben kann, wie es eben der urbane Raum möglich und notwendig macht:

> When I pass to and fro … beholding the crowds of the great cities, New York, Boston, Philadelphia, Cincinnati, Chicago, St. Louis, San Francisco, New Orleans, Baltimore – when I mix with these interminable swarms of alert turbulent, good-natured, independent citizens, mechanics, clerks, young persons – at the idea of this mass of men, so fresh and free, so loving and so proud, a singular awe falls upon me.

Ein Bild, das die geschäftige Dynamik der Stadt verband mit dem statischen Zusammenkommen von vielen ganz unterschiedlichen Menschen auf engstem Raum, war das der Fährgäste der Fulton Ferry, die tagtäglich den kurzen Weg (einen knappen Kilometer) über den East River zurücklegten, um zwischen Manhattan und Brooklyn zu pendeln. »Just as you stand and lean on the rail, yet hurry with the swift current«, wie Whitman in seinem Gedicht über die Fähre schreibt.

Gegen Ende des Bürgerkrieges, Mitte des 19. Jahrhunderts, pendelte ein Drittel der in Brooklyn Beschäftigten nach Manhattan. Fünf verschiedene Fährlinien beförderten sie über den nicht ungefährlichen Fluss, den Strömungen, Ebbe und Flut unberechenbar machten. Zusammen brachten sie es auf nicht weniger als tausend Fährfahrten pro Tag. Die Fulton Fähre, auf die sich Whitman in seinem Gedicht »Crossing Brooklyn Ferry« bezieht, war die erste dampfbetriebene Fähre, die die beiden Städte miteinander verband, direkt von der Fulton Street in Manhattan zur Fulton Street in Brooklyn und zurück. Sie revolutionierte das Pendeln über den Fluss, bis die Brooklyn Bridge ihr Konkurrenz machte. Danach nahm die Zahl der Fährpassagiere immer weiter ab, und die Originalfähre stellte schließlich am 19. Januar 1924 den Dienst ein. Heute kann man mit der NYC Ferry allerdings wieder auf einer sehr ähnlichen Route unterwegs sein.

Äußerlich gesehen, beschreibt »Crossing Brooklyn Ferry« lediglich diese Überfahrt mit der Fulton Ferry von Manhattan nach Brooklyn, doch wie immer bei Whitman ist die Beschreibung des

Alltäglichen in ihrer Bedeutung symbolisch und mythisch überhöht. Whitman besang im Spezifischen das Allgemeine, so wie er in seinem berühmtesten Gedicht, »Song of Myself«, sich selbst als Medium für alle und alles verstand (und in ähnlicher Weise hier behauptet »myself disintegrated, every one disintegrated yet part of the scheme«). Die Fähre und die Menschen darauf sind daher gleichzeitig auch Amerika und alle Amerikaner, und der Zeitpunkt der Überfahrt (kurz vor Sonnenuntergang bis hinein in den Abend) erstreckt sich von der Vergangenheit bis weit in die Zukunft. Ganz explizit spricht Whitman bereits in der ersten Strophe die zukünftigen Generationen an:

> And you that shall cross from shore to shore years hence are more to me, and more in my meditations, than you might suppose.

In Whitmans Vision spielen Zeit und Raum durchaus eine Rolle, aber eben nicht in linearer Weise, sie werden im Sinne der transzendentalistischen Philosophie Ralph Waldo Emersons zu einer Einheit verschmolzen, die Distanzen auflöst: »What is the count of the scores or hundreds of years between us? / Whatever it is, it avails not – distance avails not, and place avails not«. In diesem Modus kann auch die kurze Reise über den Fluss symbolisch für die viel längere Reise über den Ozean stehen, aus der alten in die neue Welt, und die noch viel längere Reise vom Leben zum Tod (man denke an den mythischen Fluss Styx, der die Welt von der Unterwelt trennt).

Dabei verliert Whitman allerdings das Konkrete nicht aus dem Blick, dafür ist er ein zu genauer Beobachter und Übersetzer von Erfahrung. So beschreibt er in evokativen Details das visuelle Zusammenspiel aus Sonnenlicht, Himmel, Wasser und Vögeln, etwa wenn er über die Reling hinunterblickt auf seine eigene Reflektion, denn dort sieht er »the fine centrifugal spokes of light round the shape of my head in the sunlit water«. Später wird diese genaue Beobachtung dann visionär erweitert, der beobachtete Lichteffekt wird zu einem symbolischen Licht: »Diverge, fine spokes of light, from the shape of my head, or any one's head, in the sunlit water!« Hier offenbart sich der – korrekt wahrgenommene – Strahlenkranz endgültig als ein ins Transzendentale weisender ›Heiligenschein‹, einer, der die Göttlichkeit in allen Menschen betont.

Der letzte Teil des Gedichts nimmt dann die Form einer emphatischen Anrufung an. Whitman beschwört noch einmal die Bilder seiner Erfahrung herauf, die in ihrer Verdichtung ein letztes Mal auf eine transzendente Bedeutung der Fähre hinweisen, in der die symbolische Reise des Lebens mit der konkreten Reise auf dem Wasser des Flusses verschmilzt. Dabei streiten zwei Bewegungen miteinander: zum einen die heraklitische lineare Bewegung des Flusses, der immer nur in die eine Richtung fließt, und in den man daher niemals ein zweites Mal steigen kann; und zum anderen die eher zyklische Bewegung des Hin und Her, wie es die Fähre darstellt, die sich dem Strom entgegenstellt (unterstützt von der modernen Technik des Dampfmotors) und damit Vergangenheit, Gegenwart und Zukunft miteinander kurzschließt. So kann Whitman, zumindest in seiner dichterischen Imagination, wahrhaft mit allen Menschen in einem Boot sitzen, nur für das kurze Stück der erzwungenen bewegten Bewegungslosigkeit der Überfahrt zwar, aber doch verbunden mit ihnen und letztendlich auch mit uns, die wir das Gedicht lesen und direkt angesprochen werden:

> Closer yet I approach you, What thought you have of me now,
> I had as much of you – I laid in my stores in advance, I consider'd long and seriously of you before you were born.

Als berühmtester literarischer Sohn wurde Walt Whitman schon seit seiner Inthronisierung im frühen 20. Jahrhundert genutzt, um Brooklyn einen ›guten Namen‹ zu geben. So findet sich am noch heute existierenden Anleger der Fulton Ferry ein Metallgeländer, in das Zeilen des Gedichtes eingestanzt wurden, sodass sie wie Untertitel für die Ansicht von Lower Manhattan wirken. »Frolic on, crested and scallop-edg'd waves!« ist da zu lesen. »Throb, baffled and curious brain!« Eine weitere Zeile, »Brooklyn of Ample Hills«, diente einem Hersteller von Eiscreme als Namenslieferant.

Darüber hinaus ist es nicht leicht, im heutigen Brooklyn auf Whitmans Spuren zu wandeln. Das Gebäude, in dem der *Brooklyn*

Eagle entstand, den Whitman zwei Jahre lang herausgab, bevor er aus politischen Gründen gefeuert wurde, hat man schon in den 1890ern abgerissen. Es entstand zunächst ein Lagerhaus, das, wie sollte es anders sein, in Luxuswohnungen umgewandelt wurde. Trotzdem erinnert eine Gedenkplakette an Whitmans Verbindung zur Adresse. Ganz ähnlich ist es mit dem Rome Brothers Print Shop an der Ecke Fulton Street (heute Cadman Plaza West) und Cranberry Street, in dem Whitman 1855 im Selbstverlag die erste Ausgabe der *Leaves of Grass* drucken ließ und damit die Revolution der amerikanischen Dichtung einleitete. Auch hier: schnieke Wohnungen, die sich mit dem Namen Whitmans schmücken. Etwas passender zumindest ist die Namensgebung zwei Straßen weiter, im Walt Whitman Park, schließlich gibt es hier wenigstens echte Grasblätter zu sehen, zudem einen Springbrunnen, in dem Zitate aus Whitmans Dichtung eingraviert sind: »Resist much, obey little.« Ein anderer Park dagegen, Fort Greene, trägt Whitman zwar nicht im Namen, verdankt ihm aber zu einem nicht geringen Teil seine Existenz, denn der Journalist Whitman hatte sich 1846 unermüdlich (und letztendlich erfolgreich) dafür eingesetzt, das ehemalige Militärgelände zu einem Naherholungsgebiet umzugestalten.

Brooklyns Umgang mit dem Erbe Whitmans ist symptomatisch für den Umgang des Bezirks mit Literaturgeschichte allgemein: eine ambivalente Mischung aus trotzigem Stolz, punktueller Nostalgie und beständiger Achtlosigkeit. Am Ende des Fort Greene Parks findet sich ein gewaltiges Sozialbauprojekt, dessen schöner Name Walt Whitman Houses kaum über die architektonische Hässlichkeit hinwegtäuschen kann, während ein paar Blocks weiter das einzige Wohnhaus Whitmans, das tatsächlich noch existiert, ohne jeden Gedenkhinweis vor sich hingammelt.

Lesetipp Emily Barton: *Brookland*

Für alle, die sich für die frühe Geschichte von Amerika im Allgemeinen und Brooklyn im Speziellen interessieren und die einen Eindruck vom Leben in Long Island im späten 18. Jahrhundert bekommen wollen – denen aber die offizielle Geschichtsschreibung eindeutig zu männerdominiert ist –, sei die Lektüre von Emily Bartons historischem Roman *Brookland* von 2006 empfohlen. Der Roman erfüllt einerseits alle Ansprüche an die detailgetreue Authentizität des historischen Materials – er ist schon fast enzyklopädisch angefüllt mit sorgfältig recherchierten Fakten, Figuren und Begebenheiten. Er lässt sich aber andererseits auch auf ein postmodernes Spiel mit der geschichtlichen Wirklichkeit ein, denn er imaginiert in der Hauptfigur Prue Winship, Tochter eines Gin-Fabrikanten, eine Frau, die ihrer Zeit weit voraus ist und die lange vor der realen Errichtung der Brooklyn Bridge den Bau einer Brücke über den East River angeht. Die Positionierung knapp vorbei an der wirklichen Geschichte zeigt sich schon im Titel, einer eher selten genutzten frühen Variante der Schreibweise von Brooklyn.

Von der Stadt zum Teil

»One of the longest journeys in the world is the journey from Brooklyn to Manhattan – or at least from certain neighborhoods in Brooklyn to certain parts of Manhattan.« — Norman Podhoretz

»I grew up in Brooklyn in the 40s and 50s. It's completely changed; then Brooklyn was truly boring and Manhattan was romantic and now it's almost the reverse.« — Lynne Sharon Schwartz

Das, was wir heute als New York City bezeichnen, ist natürlich nicht einfach von einem einzelnen Stadtkern aus immer weitergewachsen, bis es die jetzige Größe erreicht hat. Es ist vielmehr entstanden aus dem Zusammenschluss unabhängiger Städte unter der ›Führung‹ Manhattans (damals einfach eine Insel, auf der das ›eigentliche‹ New York City lag). Der entscheidende Verwaltungsakt dazu trat am 1. Januar 1898 in Kraft, in diesem Moment wurde das urbane Konglomerat New York City in der Form geboren, die auch heute noch gilt, mit fünf verschiedenen Bezirken (Buroughs): Manhattan, Brooklyn, Bronx, Queens und Staten Island (damals noch als Richmond bekannt). Vier Jahre zuvor hatten die Bürger dieser Städte über den Zusammenschluss abgestimmt, der auf einen Schlag die mit 3,35 Millionen Einwohnern zweitgrößte Stadt der Welt erschuf, nach London. Während sich in Manhattan eine überwältigende Mehrheit dafür entschieden hatte, fiel die Wahl in Brooklyn wesentlich knapper aus: Nur 300 mehr Ja-Stimmen waren zu verzeichnen, ein klarer Beleg für die ambivalenten Gefühle, die die Bewohner Brooklyns der Sache gegenüber hegten. Noch heute gibt es in Brooklyn den Ausdruck »The Great Mistake of 1898«, zumindest unterschwellig hält das Trauma des Unabhängigkeitsverlustes an. Es wird perpetuiert in dem Grundton der Nostalgie, der in der Brooklyn-Literatur immer wieder anzutreffen ist, in der Klage über den Verlust eines früheren Zustandes, in dem irgendetwas besser gewesen ist.

Von Anfang an war die Beziehung zwischen Brooklyn und Manhattan keine romantische, sondern eher eine Zweckehe, oder besser noch eine halb erzwungene Symbiose (eine Karikatur der Zeit zeigt die beiden Städte als lächerliches Liebespaar, mit New York als ungelenkem Verehrer, einen Strauß Blumen in der Hand, während Brooklyn sich noch ziert). Brooklyn profitierte von der Größe Manhattans, von der Masse der dort lebenden Menschen, den Waren die von und nach Manhattan flossen, und der dort gebündelten Finanzkraft. Der Erfolg Manhattans beflügelte auch immer wieder den Ehrgeiz Brooklyns, es dem Rivalen gleichzutun. So fühlten sich die Stadtoberen ein ums andere Mal bemüßigt, auf wichtige Entwicklungen des Nachbarn zu reagieren. Nach der Errichtung des Central Parks engagierte die Stadtverwaltung von Brooklyn denselben Designer, um einen noch eleganteren Park auf der anderen Flussseite zu kreieren. Auch mit dem Friedhof Green-Wood (ein Muss für eine Stadt des 19. Jahrhunderts, die etwas auf sich hielt) konnte man Manhattan übertrumpfen, denn noch war Land auf dieser Seite leichter zu haben.

Das Selbstbewusstsein der Brooklyner war also durchaus begründet in dieser Zeit vor dem Zusammenschluss, wusste man doch, dass die Abhängigkeit durchaus auch auf Gegenseitigkeit beruhte: New York hätte sich ohne Brooklyn nicht so rasant zu der Metropole entwickeln können, die es Ende des 19. Jahrhunderts darstellte.

Einen wesentlichen Unterschied zwischen Manhattan und Brooklyn erkennt man bei einem vergleichenden Blick auf den Stadtplan und die Skylines. Während Manhattan, die schmale Insel mit dem begrenzten Raum berühmterweise schon in frühen Zeiten in immer absurdere Höhen hinauswuchs und die Vertikale als dominantes Ordnungsprinzip für sich entdeckte, erstreckt sich das viel größere Brooklyn horizontal in der Fläche. Kommentatoren haben dies auch symbolisch verstanden: auf der einen Seite die nach oben strebende, technisch unterstützte Moderne, auf der anderen Seite ein erdverbundener Gemeinschaftssinn und ein Traditionsbewusstsein, das dem »schneller-höher-neuer« notwendigerweise fremd sein muss. Die Romanautorin Carson McCullers bemerkt in den 1940ern:

> Comparing the Brooklyn that I know with Manhattan is like comparing a comfortable and complacent duenna to her more brilliant and neurotic sister. Things move more slowly out here (the streetcars still rattle leisurely down most of the streets), and there is a feeling for tradition.

Im Guten wie im Schlechten laufen und liefen die Uhren in Brooklyn ein wenig langsamer. Jonatham Lethem beschreibt es so:

> While Manhattan tears everything down and changes everything, Brooklyn does a similar thing, but fails miserably at it. It is a crazy quilt of a place. A mongrel place of sorts. It mixes old and modern in a haphazard way. It represents a tiny microcosm of the world – a functional utopia. There is also a weakness for nostalgia here, but it is a flinty and cold-eyed nostalgia. Brooklynites sort of have a built in shrug about nostalgia while still caring about it.

Brooklyn hatte dabei auch immer wieder die Funktion als ein Ort für ›das Andere‹: Lange nachdem es als vielleicht erste Pendlervorstadt der Welt einen Rückzug in die ländlich geprägte Ruhe versprach, lockte Brooklyn mit niedrigeren Mieten, aber eben auch mit der Möglichkeit, Raum für Lebensentwürfe jenseits der Mainstreamkultur zu finden. Religiöse Gruppen wie die Quäker und die jüdischen Chassidim fanden hier ihr Zuhause, unterschiedliche Gruppen von Einwanderern entwickelten ihre Communities. Bereits im 17. Jahrhundert hatte die vor religiöser Verfolgung geflüchtete Anabaptistin Deborah Moody die Stadt Gravesend gegründet – die einzige weibliche Stadtgründerin im kolonialen Amerika –, heute ein Stadtteil Brooklyns. Der Vergnügungspark Coney Island lockte mit Angeboten, die nicht immer den Moralvorstellungen der puritanischen Gesellschaft entsprechen mochten, weit außerhalb des Zentrums, so wie man auch verschmutzende und hässliche Industrie auf die andere Seite des Flusses verbannte. Zur Zeit der Underground Railroad gründeten aus der Sklaverei entflohene Afroamerikaner die Siedlung Weeksville (jetzt ein Viertel zwischen Crown Heights und Bedford-Stuyvesant) als ein Refugium. Und einige der Mitbewohner des February

House wie W.H. Auden sahen die periphere Lage als eine Möglichkeit, ihre noch immer tabuisierte Homosexualität offener zu leben, als dies in Manhattan möglich gewesen wäre.

Freiräume, die sich aus dem Zustand des ›Abgeschobenseins‹ ergaben, zählten immer zu den ambivalenten Attraktionen Brooklyns. Die Grenzen zwischen Refugium, Ghetto und Gefängnis sind vielfach fließend in der Erfahrung derer, deren Mobilität mal Zwang ist und mal Privileg. In ihrer Memoir über ihre Flucht aus der dogmatischen Enge der chassidischen Gemeinschaft von Williamsburg beschäftigt sich die Autorin Deborah Feldman mit dieser Ambiguität:

> At the Brooklyn Navy Yard, the full Manhattan skyline comes into view, painfully bright in the clear day, shimmering like jewels against the neckline of the river. My breath catches in my throat when I see it, this magical city that lies so close to my home, yet so far away. Why would anyone want to leave that magnificent place to come here? I wonder. What does this dirty neighborhood have to offer besides the freedom to disappear into a self-imposed ghetto?

Vor Ort Brooklyn Inn

Wer sich durch das wirkliche Brooklyn bewegt auf der Suche nach literarischem Leben und literarischer Vergangenheit, der kann natürlich nicht von Buchläden allein leben. Irgendwann machen auch die Dichtercafés einmal zu. Spätestens dann sollte die Stunde des Brooklyn Inn schlagen, eine der ältesten Bars in Brooklyn, und eine mit der richtigen Tradition.

Sie wurde 1885 eröffnet und steht an der Ecke Bergen und Hoyt Street in Boerum Hill. Wer mehr über ihre lange Geschichte erfahren möchte, kann in der Bar selbst ein Buch erwerben (wie sollte es anders sein), das der ortsansässige Architekt Joel Shifflet im Selbstverlag herausgebracht hat.

Vom Bau 1885 bis zum Verkauf an einen Italo-Amerikaner im Jahr 1956 waren alle Besitzer Deutsche, und es geht das Gerücht um, dass die hölzerne Innendekoration komplett aus Deutschland importiert wurde. Sie ist auf jeden Fall noch weitgehend im Originalzustand erhalten, sodass sich Besucher in ihre verschiedenen historischen Phasen zurückversetzen können. Am besten sollte man vorher noch einmal den Film *Smoke* (1995) von Wayne Wang und Paul Auster ansehen, denn der Protagonist, ein Schriftsteller, kehrt hier vorzugsweise ein. Auch Jonathan Lethem hat die Bar in *Motherless Brooklyn* verewigt.

Orte: Brooklyn Bridge

Während Manhattan reich ist an ikonischer Architektur, die seine Silhouette unverwechselbar macht, von der Freiheitsstatue bis zum Empire State Building und dem Chrysler Building, gibt es in Brooklyn eigentlich nur ein echtes visuelles Markenzeichen, das deswegen auch auf keiner Darstellung des Stadtteils fehlen darf (auch nicht auf dem Umschlag dieses Buches): die Brooklyn Bridge. Heute erscheint die Brücke in ihrer wuchtigen Eleganz vor allem als ein willkommenes Fotomotiv aus einer erkennbar noch vor der Moderne liegenden Architekturperiode, aber zur Zeit ihrer Entstehung war die Brücke ein absoluter *game-changer* für die Stadtentwicklung der ganzen Region, ein technisches Wunderwerk und ein Symbol für die aufstrebenden Vereinigten Staaten.

Der sich immer weiter intensivierende Pendelverkehr seit Mitte des 19. Jahrhunderts brachte es mit sich, dass die von Whitman besungenen Fähren hoffnungslos überlastet und noch dazu den Unwägbarkeiten des Wetters ausgesetzt waren. Politiker und Geschäftsleute aus Brooklyn schlugen daher den Bau einer Brücke vor.

Die Regierung des Staates New York gründete eine Gesellschaft, die Geld für den Bau einwerben sollte. Die Gesellschaft wiederum beauftragte 1867 den aus Deutschland stammenden Ingenieur John A. Roebling damit, eine Brücke zu entwerfen und umzusetzen. Roebling hatte bereits viel Erfahrung auf dem Gebiet und eine neue Technik für Hängebrücken entwickelt, die auf der Nutzung von Stahlkabeln basierte, mit der er in Cincinatti die bis dahin längste Hängebrücke der Welt erbaut hatte.

Am 28. Juni 1869, als er am Rande eines Docks stand und an der Festlegung der Stelle arbeitete, an der die Brücke gebaut werden sollte, wurde sein Fuß von der ankommenden Fulton Ferry zerquetscht. Fast wäre man geneigt zu glauben, die Fähre hätte sich gegen ihre drohende Bedeutungslosigkeit gewehrt. Roeblings verletzte Zehen wurden amputiert. Der Ingenieur, der ›alternativen‹ Heilungsmethoden wie der Homöopathie anhing, lehnte eine weitere medizinische Behandlung ab und wollte seinen Fuß durch »Wassertherapie« (ständiges Übergießen der Wunde mit Wasser) heilen. Sein Zustand verschlechterte sich folglich. Er starb am 22. Juli 1869 im Haus seines Sohnes in der Hicks Street in Brooklyn Heights an Wundstarrkrampf.

Sein Sohn, der bereits seit Langem mit ihm zusammengearbeitet hatte, übernahm die Leitung des Projektes und führte es zu einem erfolgreichen Ende. Aber der Bau der Brücke war ein ungeheures Unterfangen, das 14 Jahre in Anspruch nahm und die damals ungeheure Summe von 15 Millionen Dollar verschlang (zu diesem Zeitpunkt das teuerste Bauprojekt der Welt), vor allem aber auch 21 Männern das Leben und Washington Roebling zumindest die Gesundheit kostete.

Einen beachtenswerten Beitrag zur Errichtung der Brücke leistete daher auch Emily Roebling, die Frau von Washington. Zu den Gefahren, die mit dem Bau der Brücke einhergingen, gehörte auch eine mysteriöse Krankheit, die all jene Arbeiter in Mitleidenschaft zog, die an der Errichtung der Fundamente für die gewaltigen Brückenpfeiler beteiligt waren. Diese arbeiteten in einem sogenannten Senkkasten (engl. Caisson), einer Kammer am Grund des Flusses, die durch Überdruck vom eindringenden Wasser freigehalten wurde. Bei Verlassen der Druckkammer können sich, durch den zu rasch sinkenden Luftdruck, Gasblasen aus Stickstoff in Blut und Körpergewebe bilden. Diese sogenannte Caissonkrankheit kann zu Lähmungen oder zum Tode führen, ähnlich wie bei Tauchern, die zu schnell an die Oberfläche kommen. Zu Roeblings Zeit wusste man davon allerdings noch nichts. Und so kam es zu den Erkrankungen, auch bei Roebling selbst, der sich sehr oft im Senkkasten aufgehalten hatte. Als es ihm so schlecht ging, dass er sein Zimmer nicht mehr verlassen konnte (immerhin mit direktem Blick auf die Baustelle), setzte er seine Frau Emily als Kommunikatorin zwischen sich und den anderen Ingenieuren und Bauarbeitern ein. Er diktierte Briefe, die Emily auf die Baustelle brachte; dabei wurde sie mit der Arbeit so vertraut, dass sie zu den Augen und Ohren ihres Mannes wurde, auch gegen die großen anfänglichen Widerstände der Männer.

Als vor der eigentlichen Eröffnungszeremonie ein erster Belastungstest stattfinden sollte, bei dem ein Pferdefuhrwerk über die

Brücke fahren sollte, wurde einhellig beschlossen, dass es Emily sein sollte, die es lenkte. Sie war der erste Mensch, der die Brücke überquerte.

Die Brooklyn Bridge war zum Zeitpunkt ihrer Erbauung eine bis dahin unerreichte Höchstleistung der Ingenieurskunst. Sie war die längste Brücke der Welt und übertraf ihre nächste Rivalin um immerhin 50 Prozent. Heute kaum mehr vorstellbar, überragten ihre Türme das höchste Gebäude von New York um das Siebenfache. Sie war das erste Beispiel einer neuen Generation von Brücken, wie sie auch heute noch gebaut werden, und deutete damit weit in die Zukunft. Zum ersten Mal wurde Zink verwendet, um sie vor Rost zu schützen, und sie war die erste Brücke, die mit elektrischem Licht erleuchtet wurde.

Doch für die Zeitgenossen war sie viel mehr als nur eine Reihe von technischen Superlativen. Von Anfang an wurde sie als ein nationales Symbol wahrgenommen und zum visuellen Fixpunkt von New York City, zusammen mit der Freiheitsstatue und später dem Empire State Building. Die Amerikaner des späten 19. und des frühen 20. Jahrhunderts sahen in der Brücke und ihrer idealtypischen Verbindung von modernster Technik und zeitloser Ästhetik den amerikanischen Fortschrittsgedanken verkörpert, das Meistern titanischer Herausforderungen, die Vorstellung, dass in diesem Land nichts unmöglich ist. In Ken Burns' Dokumentarfilm *The Brooklyn Bridge* (1981) nennt der Theaterautor Arthur Miller die Brücke »steel poetry«. Und im selben Film sagt der Autor David McCullough: »I think the bridge makes one glad to be alive. I think it makes you glad that you're part of the human community, that you're part of a species that could create such a structure.«

Dank ihrer prominenten Position innerhalb der Skyline von Manhattan und Brooklyn und innerhalb der amerikanischen Identität fand die Brücke seit ihrer Entstehung Aufnahme in unzählige Filme, Bücher und Bilder. Thomas Edison drehte 1899 einen seiner ersten Filme, indem er seine Kamera in einem der Züge installierte, die die Brücke überquerten. Seitdem ist sie in so unterschiedlichen Filmen zu sehen wie *Planet of the Apes* (1968), *Saturday Night Fever* (1977), *Night on Earth* (1991), *The Fantastic Four* (2005) und *Superman Returns* (2006).

Immer wieder wird die Brücke auch in der Literatur verewigt. So taucht sie in John Dos Passos' *Manhattan Transfer* (1925) auf, in Thomas Wolfes *The Web and the Rock* (1939) und *You Can't Go Home Again* (1940), in Henry Millers *Tropic of Capricorn* (1939) oder in Richard Crabbes Thriller *Suspension* (2000). Die Beat-Autoren Jack Kerouac (*On The Road*, 1957) und Allen Ginsberg (*Howl*, 1956) spazierten gern gemeinsam über die Brücke und unterhielten sich dabei über das Leben und die Literatur. Und auch in den hier näher besprochenen Texten spielt sie natürlich eine wichtige Rolle, zum Beispiel in Jonathan Lethems *The Fortress of Solitude* (2003), wo sie der Schauplatz für einen missglückten heroischen Akt ist, oder in *A Tree Grows in Brooklyn* (1943), wo eine Figur sagt: »I thought if I ever got to New York, I'd like to walk across the Brooklyn Bridge.« Auch ihre Entstehung wurde fiktionalisiert, etwa in dem Jugendroman *The Spider of Brooklyn Heights* von 1967, in dem Nancy Veglahn die Briefe und Tagebucheinträge Washington Roeblings verwendet, um ein realistisches Bild der Zeit zu zeichnen.

Das bedeutendste literarische Denkmal der Brooklyn Bridge ist aber ohne Zweifel Hart Cranes *The Bridge*, ein episches Langgedicht, das aus einer Reihe von weitgehend unabhängigen, aber durch unzählige Assoziationen verwobenen Einzelgedichten besteht, mit einer Gesamtlänge von mehr als 1200 Zeilen. Crane verfasste es über einen Zeitraum von sieben Jahren, zwischen 1923 und 1930.

Crane wurde 1899, dem Jahr von Edisons Film, in Ohio geboren, wo er auch die High School besuchte, die er allerdings schon 17-jährig verließ, um sein Glück in New York City zu suchen. Seine Eltern waren entsetzt, aber wohl zu sehr mit ihrer eigenen Scheidung beschäftigt, um ihn daran hindern zu können. Crane schlug sich mit einer Reihe von Gelegenheitsjobs durch. 1917 wollte er sich freiwillig melden, wurde aber als minderjährig abgelehnt, stattdessen arbeitete er bis zum Ende des Krieges in einer Munitionsfabrik. Bereits zu dieser Zeit begann er, Gedichte in Zeitschriften zu veröffentlichen und sich langsam, aber sicher einen Ruf als Lyriker zu erarbeiten. Diese Position bekräftigte er schließlich 1926 mit der Publikation seines ersten Gedichtbandes,

White Buildings, in dem sich auch eine Reihe von Liebesgedichten befindet, die er für den dänischen Seemann Emil Opffer schrieb. Nach einem Auslandsaufenthalt lud ihn Opffer ein, in der Wohnung seines Vaters in 110 Columbia Heights in Brooklyn Heights zu leben. Crane war begeistert von der Aussicht.

In den frühen 1930ern galt Crane als einer der vielversprechendsten jungen Dichter Amerikas, doch sein großes Epos, *The Bridge*, fand nicht den einhellig positiven Widerhall, den er sich gewünscht hatte. Obwohl es ihm ein Guggenheim Fellowship einbrachte, fühlte Crane sich in seinen literarischen Ambitionen gescheitert. Alkoholismus, Depressionen und komplizierte Beziehungen taten das Übrige. Am 27. April 1932, im Alter von nur 33 Jahren, sprang Crane von Bord des Dampfschiffes Orizaba in den Tod.

The Bridge war das ambitionierteste Projekt, das Crane fertigstellen sollte. Die ursprüngliche Idee dazu war ihm bereits nach Abschluss seines Gedichtes »For the Marriage of Faustus and Helen« gekommen, das ein erster Versuch war, ein Gegenstück zu T.S. Eliots pessimistischer »mythischer Methode« zu finden. Bereits im Februar 1923 schrieb Crane an Gorham Munson: »I am ruminating on a new longish poem under the title of The Bridge which carries on further the tendencies manifest in ›F and H.‹« Doch die Arbeit ging wesentlich schleppender voran, als Crane sich das zu Beginn vorgestellt hatte, sodass es nicht in seinen ersten Band aufgenommen werden konnte. Stattdessen sollte er noch einige Jahre weiter daran arbeiten, beflügelt durch Reisen, vor allem zwischen April und November 1926 zur Isle of Pines, wo zehn der 15 Sektionen entstanden, aber auch durch die unmittelbare Nähe zu seinem Subjekt, die ihm der Aufenthalt in Brooklyn Heights ermöglichte.

Columbia Heights ist die westlichste Straße des Viertels, und das Gebäude, in dem Crane wohnen konnte, aus viktorianischer Zeit stammend und über dem East River thronend, verschaffte ihm einen fantastischen Rundblick über die Werften und Lagerhäuser und über die noch immer prächtigen ehemaligen Residenzen der Handelsleute, die zur Hochzeit der Klipper hier ihre Geschäfte gemacht hatten. Von dieser prosperierenden Zeit waren

Gebäude im Victorian Gothic-, Greek Revival-, Classical Revival-, Italianate- und Second Empire-Stil erhalten, auch wenn die Besitzer längst weitergezogen waren. Die Händler waren geflohen, nachdem die U-Bahn unter dem Fluss ab 1908 das Viertel für Kurzzeitpendler attraktiv machte. Aus Villas wurden Pensionen, herrschaftliche Wohnungen wurden unterteilt und die Häuser füllten sich mit ärmeren Menschen.

Die Uferstraßen wie die Sands Street waren reich an Bars, die von den Matrosen auf Freigang frequentiert wurden. Diese Gegend war verrufen wegen Gewalttaten und Unsittlichkeit, was sie für Crane nicht weniger attraktiv machte. Den verblichenen Glanz des Viertels verband Crane im Geist mit dem Brooklyn Whitmans. Manhattan war nur einen Spaziergang entfernt, und für gerade mal acht Dollar die Woche konnte Crane ein Zimmer mit einer einzigartigen Aussicht erhalten, die er so beschrieb:

> Just imagine looking out your window on the East River with nothing intervening between your view of the statue of Liberty, way down the harbour, and the marvelous beauty of Brooklyn Bridge close above you on your right! All of the great new skyscrapers of lower Manhattan are marshalled directly across from you, and there is a constant stream of tugs, liners, sail boats, etc in procession before you on the river!

Schließlich fand er sogar heraus, dass Washington Roebling selbst aus genau dieser Fensterfront heraus auf die Bauarbeiten gesehen hatte, nachdem er durch seine Erkrankung immobil geworden war. Hier schloss sich der Kreis. Die Vergangenheit und die Gegenwart und in Cranes poetischer Vision auch die Zukunft Amerikas durchdrangen sich. Es schadete sicher nicht, dass zu dieser Zeit im gleichen Haus der Romancier John Dos Passos wohnte, der gerade erfolgreich seinen modernistischen Roman *Manhattan Transfer* (1925) publiziert hatte und mit dem er gern beim Italiener nebenan zum Essen ging.

Die Adresse blieb weiterhin ein wichtiger Ort für die Brooklyn-Literatur. Im November 1931 zog der Autor Thomas Wolfe in das Nachbarhaus 111 Columbia Heights ein, im vergeblichen Versuch, etwas Geld zu sparen. Wolfe war notorisch schlecht im

Umgang mit Geld, die Tantiemen für seinen sehr erfolgreichen Debütroman *Look Homeward, Angel* (1929) hatte er ebenso bereits ausgegeben wie den Vorschuss für seinen zweiten, noch unfertigen Roman. Sein Verlag sah sich schließlich genötigt, für seinen zwar genialen, aber eben auch in Geldsachen unfähigen Autor die Finanzverwaltung zu übernehmen: Der Verlag behielt seine Einnahmen auf einem Extrakonto und erledigte seine Steuermeldung mit der offiziellen Erklärung, Wolfe sei »not so constituted that he is able to look after matters of this kind«. Leider war auch die neue Wohnung noch zu teuer, und Wolfe sah sich gezwungen, Teile seines Romanmanuskriptes als Kurzgeschichten zu veröffentlichen, nur um ein paar schnelle Dollar zu machen. Zur Fertigstellung seines zweiten Romans und seiner komplexen Beziehung zu seinem Lektor Maxwell Perkins gibt es übrigens einen Spielfilm, *Genius* von 2016, mit Jude Law als Wolfe und Colin Firth als Perkins.

Cranes *The Bridge* ist ein komplexes Werk, dessen Inhalt wie Struktur sich kaum einfach zusammenfassen lassen. Es gibt keine klare Chronologie oder einen erkennbaren Erzählfaden, ebenso wenig wie wiederkehrende Figuren. Stattdessen findet sich ein dichtes Gewebe aus Sprache, Geschichte, literarischen Anspielungen und Mythologie, mit unzähligen Verbindungen nach außen, aber auch Verknüpfungen innerhalb des Textes. Klar ist, dass der Text seinen Ausgangs- und Endpunkt an der Brooklyn Bridge hat, dazwischen aber streift er durch die amerikanische Geschichte und Geografie, verbindet Gegenwart und Zukunft und knüpft New York an den Rest des Landes. Literaturkritiker haben die Muster sich wiederholender Bilder und Symbole identifiziert (zum Beispiel die verschiedenen Modi der Mobilität von Spanischen Karavellen über Yankee Klipper, Kampfflieger bis zur U-Bahn) und zu systematisieren versucht, doch Cranes Schreiben entzieht sich jeder Vereinheitlichung.

Das Werk beginnt mit einem visonären ›Proëm‹ mit dem Titel »To Brooklyn Bridge«, das bereits zuvor von Marianne Moore, die ebenfalls in Brooklyn lebte, in der wichtigen Literaturzeitschrift *The Dial* veröffentlicht worden war. Dieses aus elf Strophen bestehende Gedicht bietet, einem kubistischen Gemälde gleich, eine Reihe von fragmentierten Ansichten der Brücke. Der auf das Proëm folgende erste Teil mit dem Titel »Ave Maria« ist Christoph Columbus gewidmet, der als die Quelle des amerikanischen Mythos dargestellt wird, ein Mann, der laut Crane die Welt vereint und uns eine moderne Kosmografie gegeben hat.

Auf den Monolog von Columbus an Bord der Santa Maria folgt ein längerer, noch einmal in fünf einzelne Gedichte unterteilter Part mit dem Titel »Powhattan's Daughter«. Bei dieser handelt es sich um die seit Jahrhunderten in der amerikanischen Kultur und Literatur mythologisierte Pocahontas, die laut der Legende zu einer Verständigung zwischen den Kolonialisten und den Ureinwohner beigetragen hatte. Doch auch dies wird nicht etwa linear oder chronologisch erzählt, es finden sich wiederum Fragmente aus unterschiedlichen Szenen, beginnend mit einem Sonnenaufgang in Manhattan (»The Harbor Dawn«) über Schlangen in einem Aschehügel (»Van Winkle«, das auf die ebenfalls legendäre Gestalt aus Washington Irvings Kurzgeschichte anspielt). Es gibt eine Fahrt auf dem Mississippi (»The River«) und eine Episode aus der Perspektive einer Siedlerin (»Indiana«). Der nächste Teil »Cutty Sark« springt dann vorwärts in der Geschichte und folgt den Segelschiffen auf ihrem Handelsweg nach China. Der Titel bezieht sich auf ein berühmtes Schiff aus dem Teehandel und gleichzeitig auf Cranes Lieblingswhiskey. Mit »Cape Hatteras« kommt Crane dann in der zweiten Hälfte des 19. Jahrhunderts an und feiert in gleicher Weise die Industrialisierung, Kampfpiloten sowie sein dichterisches Vorbild Walt Whitman.

Cranes Werk ist durchzogen von Anspielungen und vereint zahlreiche auch literarische Bedeutungsebenen, aber der wichtigste unmittelbare Vergleich muss zu T. S. Eliots Langgedicht *The Waste Land* (1922) gezogen werden. Die Texte ähneln sich nicht nur äußerlich, als fragmentierte Epen, die aus symphonisch miteinander verknüpften Einzelgedichten bestehen, sondern auch in der mythischen Perspektive auf das moderne Leben. Crane verstand seinen Text unter anderem als eine direkte Antwort. »I take Eliot as a point of departure toward an almost complete reverse of direction«, schrieb er an seinen Freund, den Dichter Gorham Munson. »His pessimism is amply justified, in his own case. But I would apply as much of his erudition and technique as I can absorb and assemble toward a more positive, or (if [I] must put it so in a skeptical age) ecstatic goal.«

Eliots modernistisches Epos ist eine Abrechnung mit der modernen Welt, die dem Dichter buchstäblich als ein steriles, bedeutungsleeres und lebloses »wüstes Land« erscheint. Die Methode des Sprechers, sich gegen diese Leere zu wehren, ist der Rückzug auf die vergangene Hochkultur Europas, weswegen das Gedicht durchzogen ist von einem Netz aus literarischen Anspielungen. Doch diese Kultur ist unwiederbringlich vergangen, darum sind auch die Anspielungen ebenso wie die poetischen Bilder nur noch als Fragmente vorhanden, die auf den ersten Blick zusammenhanglos nebeneinanderstehen. Die großen systematischen Erklärungsentwürfe des 19. Jahrhunderts haben bei Eliot ausgedient, er zertrümmert die Dichtung und das Epos – bedauernd zwar, mit einem nostalgischen Blick zurück, aber nach diesem Fanal, so spürten es die Zeitgenossen, gab es für die Dichtkunst kein Zurück mehr.

Wie so viele seiner Dichterkollegen war Crane von Eliots Methode beeindruckt und versuchte, sie in seinem eigenen Schaffen nachzuahmen. Auch sein Text benutzt, was Eliot die ›mythische Methode‹ genannt hatte, bei der ein unterliegender Mythos (im Fall von *The Waste Land* war das die Sage vom Fischerkönig aus der Artuslegende) das Chaos der modernen Welt und ihre Beschreibung subtil strukturiert und für zahlreiche Querverbindungen sorgt, ohne zur linearen Struktur der Narration zurückzukehren. Auch er weitet den Blick, um Geschichte und Literatur in seinen Text einfließen zu lassen, greift assoziativ in viele Richtungen aus, beharrt aber auf einer künstlerischen Einheitlichkeit, die auch für Eliot identifiziert wurde, wie hier gegenüber dem verwirrten, aber wohlmeinenden Rezensenten Herbert Weinstock:

> […] with more time and familiarity with The Bridge you will envisage it more as one poem with a clearer and more integrated unity and development than was at first evident […]. It took me nearly five years, with innumerable readings to con-

> vince myself of the essential unity of [The Waste Land]. And The Bridge is at least as complicated in its structure and inferences as The Waste Land – perhaps more so.

Doch so sehr Crane Eliots Herangehensweise bewunderte, so sehr widersprach er doch dessen Kernaussage, vor allem seinem Kulturpessimismus. Wo Eliot in der Gegenwart nur Verlust von Sinnhaftigkeit und Leben erkennen konnte, sah Crane eine zumindest potenziell progressive Zukunft. Bei Eliot wurde die London Bridge zum Übergang in eine danteske Hölle (erkennbar an der Anspielung in: »A crowd flowed over London Bridge, so many, I had not thought death had undone so many.«), bei Crane führt die Brücke eher in die Zukunft (der ›höllische‹ Part ist die Untergrundbahn, die unter dem Fluss verläuft).

Die Brooklyn Bridge dient Crane dabei als zentrales Symbol und als Beleg für seine Ästhetik, dass man das Technische, Maschinelle nicht als Niedergang und Verlust betrachten sollte, sondern als neue und begrüßenswerte Phase der kulturellen Menschheitsentwicklung. Laut Crane müsse Dichtung die Maschine »absorbieren« oder »akklimatisieren«, wenn sie zeitgenössisch bleiben möchte. Aus diesem Grund besingt er die Brücke und sieht in ihr nicht nur die technische Meisterleistung, sondern den dahinterstehenden Traum von Größe, aber auch die Eleganz, die sich aus dem Zusammenspiel von wuchtigen Brückenpfeilern und luftigen Stahlkabeln ergibt. So vergleicht er sie mit der Äolsharfe, einem zentralen Motiv der romantischen Dichtung. Dabei handelt es sich um ein dem Windspiel verwandtes ›Instrument‹, bei dem der Wind, der über gespannte Saiten fährt, einen Klang erzeugt. Im hymnischen Modus bittet er gar die Brücke, mit ihrer Form eine mythische Verbindung zum Göttlichen zu errichten:

> Unto us lowliest sometime sweep, descend
> And of the curveship lend a myth to God.

Crane war jedoch bei allem Enthusiasmus kein simpler Apologet der Moderne, kein naiver Verherrlicher einer Gegenwart, die komplexer war als ein simples Versprechen von Fortschritt und technischer Utopie. Wie alle amerikanischen Visionäre von John

Winthrop im 17. Jahrhundert bis zu Walt Whitman eine Generation vor ihm sah Crane das einzigartige Potenzial des amerikanischen Projektes, das für ihn in der Brücke eine physische Gestalt angenommen hatte, aber eben auch die daraus folgende Forderung an die Menschen, diesem Potenzial gerecht zu werden – und damit auch die Möglichkeit des Scheiterns. Nicht zufällig ist eine der ältesten genuin amerikanischen Literaturformen die Jeremiade, eine Klage über das Abfallen der neuen Generation von den Idealen der alten. Somit ist der Blick in die glorreiche Zukunft stets kompliziert durch den Abgleich der Versprechungen der Vergangenheit mit dem tatsächlichen Zustand der Gegenwart. Es war diese Ambivalenz, die Crane mehr als einmal daran zweifeln ließ, ob er sein ambitioniertes Projekt je fertigstellen könne, und die bis heute manche Kritiker dazu bringt, sein Werk als ein grandioses Scheitern zu betrachten:

> Emotionally I should like to write The Bridge. Intellectually the whole theme seems more and more absurd. The very idea of a bridge is an act of faith. The form of my poem rises out of a past that so overwhelms the present with its worth and vision that I'm at a loss to explain my delusion that there exists any real links between that past and a future destiny worthy of it. If only America were half as worthy today to be spoken of as Whitman spoke of it fifty years ago, there might be something for me to say.

Das Gedicht als Ganzes wird balanciert – im physischen wie im metaphysischen Sinne – durch das Teilgedicht »The Tunnel«. Es kontrastiert als Gegengewicht das in religiösen Tönen hymnische Abschlussgedicht »Atlantis« und richtet den Blick noch einmal unverwandt auf das, was sonst unter der Oberfläche verborgen ist. Im räumlichen Sinn ersetzt es den Weg über die Brücke, mit seinen Gefühlen der erhabenen und prophetischen Über- und Weitsicht, durch eine Fahrt mit der U-Bahn unter dem Fluss hindurch, ein klaustrophobisches und von negativen Assoziationen begleitetes Erlebnis. Crane folgt hier auch nicht zuletzt den Konventionen des epischen Gedichtes, zu denen eine Katabasis, eine Reise in die Unterwelt stets dazugehört.

Das Gedicht setzt ein mit einem Menschen, der eines der vielen Theater am Times Square in Manhattan verlässt und sich auf den Heimweg begibt. »Out of the Square, the Circle burning bright« heißt es im Text. Diese Zeile zeigt beispielhaft, wie Crane mit einer nur der Dichtung zugänglichen Ökonomie eine ganze Reihe von Bedeutungsebenen miteinander verwebt, in diesem Fall mythisch-dichterische Anspielungen an Dante Alighieri und William Blake mit der konkreten Realität New Yorks in den 1920ern. Hier finden sich Times Square und Columbus Circle als konkrete Adressen und als leuchtende Schilder der jeweiligen U-Bahn-Stationen, doch sie leuchten nicht einfach, sie brennen in genau den Worten, die Blake seinem Tiger zugedacht hat (»Tiger, tiger, burning bright, in the forest of the night«), ein Tiger, der bei Blake symbolisch für die problematische Existenz des Bösen in der Welt steht. Darüber hinaus lässt sich an die brennenden Höllenkreise der *Göttlichen Komödie* denken, und in der Tat stellt sich dieser Teil des Gedichtes als eine Höllenfahrt dar. Eine andere Strophe evoziert mit »caught like pennies beneath soot and steam« ein Spiel, bei dem Kinder Pennies auf die U-Bahn-Gleise legen (das Spiel wird auch in Betty Smiths *A Tree Grows in Brooklyn* erwähnt), und gleichzeitig das Gefühl des Erdrücktseins, um dann mit der Erwähnung des biblischen Lazarus, der von den Toten auferstanden ist, den Weg heraus aus dem Untergrund einzuleiten.

The Bridge ist mit Sicherheit einer der ›schwierigsten‹ Texte der amerikanischen Literatur, der hohe Anforderungen an die Leserschaft stellt, aber er ist auch einer der faszinierendsten Dokumente der amerikanischen Standortbestimmung in der herangebrochenen Moderne und darüber hinaus einer, der ganz wesentlich mit New York und Brooklyn verbunden ist. Crane hat dem architektonischen Wahrzeichen ein literarisches Denkmal errichtet, dessen Erbe bis heute von den New Yorkern gepflegt wird. Jedes Jahr im Juni veranstaltet das Poets House in Manhattan den Brooklyn Bridge Poetry Walk. Dieses seit 1996 stattfindende Event beinhaltet einen Spaziergang über die Brücke, mit gelegentlichen Stopps für Lesungen sowie einer Abschlusslesung am Landungssteg der Fulton Ferry in Brooklyn.

Mythos: Niedergang

Die Mitte des 20. Jahrhunderts sorgte für die Entstehung eines neuen mythischen Narrativs, das sich eher aus dem Bildervorrat der Apokalypse bedient und das seine Wirkmächtigkeit bis heute nicht verloren hat: Das Narrativ vom urbanen Niedergang, von der Verödung und Verelendung der Großstadt, aus der die Menschen fliehen, wenn sie nur können. Und Brooklyn konzentriert dabei wie kaum ein anderer Ort alle Bestandteile des Mythos in reinster Form.

Schon die Wirtschaftskrise nach 1929 hatte den gigantischen Bauboom, dem sich noch heute ein großer Teil der nunmehr gentrifizierten Bausubstanz verdankt, fast über Nacht beendet. Im Jahr 1924 brachten Schiffe noch 40 Millionen Ziegelsteine nach Brooklyn für eine einzige Bausaison, in der 226 Millionen Dollar investiert wurden – nach dem Börsencrash reduzierte sich diese Zahl auf 74 Millionen. Der Zweite Weltkrieg brachte noch einmal Aufträge, doch die Industrie begann bereits abzuwandern, weiter in die Vorstädte, in den Süden der Vereinigten Staaten sowie nach Übersee. Vor allem die weißen Arbeiter tauschten, ermöglicht durch den Siegeszug der Autos und der entsprechenden Infrastruktur, »Brownstone Brooklyn« in großer Zahl für die bürgerlichen Vorstädte. Diese waren aber durch strukturellen Rassismus für die Afroamerikaner, die aus dem Süden vor Segregation und Diskriminierung flüchteten, unzugänglich. Stattdessen zogen sie in die leer werdenden Häuser nach, deren großbürgerliche Wohnungen immer weiter unterteilt wurden. Ihrer weißen Lobby verlustig, wurden diese Viertel immer stärker vernachlässigt, ein Teufelskreis des Verfalls.

Die Maßnahmen, die die Stadtverwaltung tatsächlich ergriff, um die Situation zu verbessern, machten alles nur schlimmer. Um Wohnraum zu schaffen, wurden gigantische menschenfeindliche Sozialwohnungsbauten errichtet, die sogenannten »Projects«, die bald zum Sinnbild für soziale Verwahrlosung, Kriminalität, Drogen und Gewalt werden sollten. Gewachsene Nachbarschaften wurden dagegen planiert, riesige Schnellstraßen fraßen sich durch Stadtviertel und zerteilten diese, damit die weißen Pendler schneller, ohne mit den armen Gegenden in Berührung zu kommen, ins Finanzzentrum gelangen konnten. Charakteristischerweise sehen die Autofahrer, die Brooklyn hinter sich lassen, noch ein Schild mit der Aufschrift »fuhgeddaboudit«, eine Transkription im Brooklyner Dialekt für: »Vergiss es!«

In seinem Vorwort von 2009 zu einer neuen Ausgabe von L. J. Davis *A Meaningful Life* (1971) beschreibt Jonathan Lethem das Gefühl des Abgeschriebenseins, das sich in den ärmeren Vierteln von Brooklyn ausgebreitet hatte:

> The dystopian reality of late 60s and early 70s outerborough New York City can be difficult to grant at this distance; these streets, though rich with human lives, were collectively damned by the city as subhuman, crossed off the list. Firehouses and police stations refused to answer calls, whether out of fear, or indifference, or both […]. How precarious this existence was – morally, sociologically, financially – was never exactly permissible to name outside of L. J.'s books, or at least not with such nihilistic glee.

Die »dystopische Realität«, die Lethem beschreibt, setzt sich aus drei unterschiedlichen Aspekten zusammen: den individuellen und subjektiven Erfahrungen all der Menschen, die zu diesen Zeiten und an diesen Orten gelebt haben, den überindividuellen sozialen Fakten, die sich etwa aus Statistiken und anderen Daten herauslesen lassen, und nicht zuletzt den Versuchen, die Erfahrung zu vermitteln, davon zu erzählen, sie in Zeugnisse, Geschichten und Kunst zu verwandeln. Der erste Aspekt ist beschränkt durch das Anekdotische, Fragmentierte, denn keine einzelne Erfahrung kann das Ganze sein, höchstens exemplarisch repräsentieren. Der zweite Aspekt ist dadurch beschränkt, dass eine Statistik zwar objektiv und ›wahr‹ ist, aber keinem der Einzelfälle gerecht wird. Die errechenbare Wahrscheinlichkeit, Opfer eines Verbrechens zu werden, deckt sich weder mit der tatsächlichen Erfahrung von Gewalt noch mit deren Abwesenheit. So bleibt der dritte Aspekt als beste Möglichkeit, an die »Realität« heranzukommen, denn in der Literatur können sich Erfahrung, Relevanz und Analyse auf bestmögliche Art miteinander verbinden. Eine der ersten Rezensionen von *A Tree Grows in Brooklyn* erschien in der Zeitschrift *Social Forces* und machte angesichts des Romans genau diese Behauptung auf:

> Here there passes before us the panorama of a section of city life, together with the intimate details of family life, prepared for us not by a statistician with an array of facts and figures, not by a sociologist presenting a carefully prepared case history, not by a participant observer who has for a brief period lived among the group, nor by a psychologist, a historian, or an economist, but by one who naturally combines all of these – who, herself, is a member of the group about which she writes. Only one who had been born and bred in Brooklyn, who had been part of its warp and woof, could have had that »... feeling about it – Oh, I can't explain it. You've got to live in Brooklyn to know.«

Der Archetyp dieser Geschichte lässt sich in sehr vielen Fällen so skizzieren: Gehen um zu Schreiben. Ein ums andere Mal sind es die, die es aus Brooklyn rausgeschafft haben, die aus der sicheren zeitlichen, räumlichen und emotionalen Distanz den Blick zurückwenden und von dem berichten, was sie hinter sich gelassen haben. Dies sind die utopischen Geschichten, die den urbanen Abgrund in allen Facetten ausmalen, um die Höhe des Aufstiegs (und Ausstiegs) erkennbar zu machen, um zu verdeutlichen, wie weit man gekommen ist. Gespeist werden sie von dem noch viel tiefer liegenden Urmythos des amerikanischen Traums, dem Versprechen unbegrenzter Möglichkeiten und uneingeschränkter sozialer Mobilität. Wohl kaum ein Text verkörpert all dies in so exemplarischer Weise wie Betty Smiths *A Tree Grows in Brooklyn.*

Das amerikanische Versprechen ist eines von der Möglichkeit des radikalen Neuanfangs, von der Möglichkeit der Selbstdefinition. Niemand, so lautet die Idee, muss sich von seiner Herkunft vordefinieren lassen, Identität ist etwas, das man sich selbst erschafft. Die amerikanisierten Namen, die sich viele Immigranten für ihr neues Leben zulegten, sind ein Zeichen dafür. Wer es aus den Armutsvierteln von Brooklyn herausgeschafft hatte, dem stand theoretisch das ganze Land für einen Neuanfang zur Verfügung, der konnte aus Williamsburg nach Michigan und North Carolina gehen, wie Betty Smith, oder aus Gowanus / Boerum Hill nach Kalifornien, wie Jonathan Lethem, und sein altes Leben komplett hinter sich lassen, es vergessen. Doch so funktionieren wir Menschen nun einmal nicht, zumal wenn die zurückgelassenen Erfahrungen und Erinnerungen sehr intensiv waren, im Guten wie im Schlechten. Und so zieht es die Autor:innen fast unweigerlich früher oder später zurück, zurück in die eigene Vergangenheit und damit in ein Brooklyn der persönlichen Bedeutung, das es so nicht mehr gibt und das nachvollziehbar zu machen, doch zu einem unstillbaren Drang wird. Der Autor William Boyd beschreibt es so:

> I felt that deep melancholy that only hits me when I'm in Brooklyn. I yearned for the past and I was reckoning with the neighborhood, with my home, with my identity as someone who had left and might never fully return. I was afraid of the death of so many things. I longed to know what the dead know.

Aus dieser Dynamik des »ihr wisst ja nicht, wie es gewesen ist« hat sich mittlerweile eine ganze Gattung entwickelt, die man als Brooklyn-Memoiren bezeichnen könnte.

Betty Smith: *A Tree Grows in Brooklyn*

»Brooklyn was a dream. All the things that happened there just couldn't happen. It was all dream stuff. Or was it all real and true and was it that she, Francie, was the dreamer?« — Betty Smith

Elizabeth Lillian Wehner wurde am 15. Dezember 1896 in Williamsburg geboren und in der Holy Trinity Church getauft. Ihre Eltern, John und Catherine Wehner, waren Immigranten aus Deutschland. Sie riefen das Kind Lizzie oder Littie. Ab 1938 nahm Elizabeth die Variante Betty an, unter der sie auch bekannt wurde. Sie schloss 1910 die achte Klasse an einer öffentlichen Schule im Brooklyner Viertel Greenpoint ab, die sie darauf erst 14-jährig verließ, um zu arbeiten. In den nächsten Jahren wechselte sie von Job zu Job, darunter in eine Fabrik für Papierblumen und in eine Agentur, die für ihre Kunden Zeitungsdossiers zusammenstellte. Für diese Tätigkeiten musste sie täglich 200 Zeitungen lesen. All diese Erfahrungen finden sich in der Geschichte ihrer Protagonistin Francie wieder, nicht jedoch die ›Flucht‹ mit George Smith am 6. Juni 1919, die sie nach Ann Arbor, Michigan führte.

Erst knappe 20 Jahre später begann Smith damit, ihre Kindheitserinnerungen als Grundlage für einen Roman zu verwenden. Als dieser schließlich 1943 publiziert wurde, lebten Smith und ihre Familie in Armut, was sich durch den überragenden Erfolg am Buchmarkt und den bald darauffolgenden Verkauf der Filmrechte an Twentieth Century-Fox rasch änderte. Der Film erschien 1945, und am Ende des Jahres hatte Smith mehr als drei Millionen Exemplare ihres Romans verkauft.

A Tree Grows in Brooklyn erzählt die Geschichte von Francie Nolan und ihrer Familie. Francie ist wie die Autorin das Kind von Einwanderern, das in bitterster Armut in den Mietswohnungen von Brooklyn aufwächst. Es ist schwierig, Smiths Roman zusammenzufassen, da er autobiografisch ist und keine klare Handlung hat. Stattdessen ereignet sich Francies Leben in 56 Kapiteln, die sich als eine Abfolge kleiner Episoden entfalten, die alle einen prägenden Eindruck auf die Protagonistin ausüben. Der Roman ist in fünf Bücher unterteilt, die entweder nach Ereignissen oder Zeitabschnitten gegliedert sind. Buch eins ist eine kurze Einführung der Protagonistin, ihrer Familie und ihrer Nachbarschaft. Buch zwei liefert wichtige Hintergrundinformationen über Francies Eltern und ihre frühe Kindheit. Buch drei erzählt von Francies Erfahrungen in der Schule und davon, wie hart das Leben für ihre Familie war. In Buch vier wird beschrieben, was mit Francie geschieht, nachdem sie mit 14 Jahren arbeiten gehen muss und nicht die High School besuchen kann. Alle Themen des Romans kommen in Buch fünf zusammen, als Francie sich darauf vorbereitet, aufs College zu gehen. Am Ende von Smiths Roman haben die Leserinnen und Leser viele der Prüfungen, denen die Familie Nolan ausgesetzt war, stellvertretend miterlebt.

Der Roman ist eine amerikanische Aufstiegsgeschichte, die allerdings erst gegen Ende in Gang kommt, den weit größeren Raum nehmen die Schilderungen von Armut ein, vom Leben unter den kümmerlichen Ausgangsbedingungen, die Francie und ihre Familie haben. Das wichtigste Symbol des Romans in diesem Zusammenhang ist der titelgebende Baum, von dem es im Roman heißt:

> The one tree in Francie's yard was neither a pine nor a hemlock. It had pointed leaves which grew along green switches which radiated from the bough and made a tree which looked like a lot of opened green umbrellas. Some people called it the Tree of Heaven. No matter where its seed fell, it made a tree which struggled to reach the sky. It grew in boarded-up lots and out of neglected rubbish heaps and it was the only tree that grew out of cement. It grew lushly, but only in the tenements districts.

Es ist offensichtlich, dass der Baum für das hartnäckige Gedeihen unter widrigsten Umständen steht, für den unbedingten Lebenswillen, auch angesichts von Vernachlässigung und Mangel. Ein Baum ist ohnehin bereits ein Symbol des Lebens und somit steht er im Roman ganz klar für Francie, die als zartes, kümmerliches Pflänzchen beginnt (sie ist ein kränkliches Baby, dem am Anfang niemand viele Chancen einrechnet) und dennoch immer weiter über sich hinauswächst. Wie passend, dass der Name dieses wunderbaren Baumes dann auch noch »Himmelsbaum« ist.

Ein literarisches Symbol, das in seiner Geradlinigkeit wie gemacht scheint für den Schulunterricht; wenn man allerdings einmal einen Schritt zurücktritt, dann offenbaren sich weitere, nicht unbedingt intendierte Bedeutungsebenen, die aber gerade deswegen sehr spannend sind. Den »Himmelsbaum« gibt es wirklich, im Deutschen heißt er allerdings Götterbaum oder mit wissenschaftlichem Namen *Ailanthus altissima*, ein anspruchsloser Pionierbaum, der fast 100 Jahre alt wird und Höhen bis zu 20 Metern erreicht. Bei Smith erscheint er als der idealtypische »Einwohner« Brooklyns, natürlich angepasst an die harschen Bedingungen des Großstadtdschungels, eine Pflanze so einfach, anspruchslos und bodenständig wie die gebeutelten Bewohner. Was im Roman unerwähnt bleibt, obwohl es doch gut gepasst hätte, ist, dass auch der Baum ein Einwanderer ist. Denn er ist eigentlich in Asien beheimatet und wurde erst 1784 nach Nordamerika gebracht. Dies geschah aber ursprünglich nicht, um Asphaltwüsten zu begrünen, sondern um den Ailanthus im Rahmen einer allgemeinen Chinabegeisterung als exotisches Edelgewächs in botanischen Gärten zu haben. Von dort aus trat er seinen Siegeszug an, denn in dem neuen Klima konnte er sich an vielen Orten auf Kosten der einheimischen Flora durchsetzen, indem er Giftstoffe produziert, die andere Pflanzen töten. Längst gilt er als unerwünschte und invasive Spezies.

Der Himmelsbaum ist einer der wenigen Bäume, die auch in den schlimm vernachlässigten Zonen von Brooklyn gedeihen, aber in einer anderen Perspektive ist er auch ein unattraktives Unkraut. Man vergleiche nur einmal die leicht naiv-idealistische Symbolik des Baums bei Smith mit dessen allgegenwärtiger Präsenz in Lethems *The Fortress of Solitude* (2003), wo er stets als Ailanthus bezeichnet wird.

Smiths Blick auf Brooklyn ist eine nicht immer harmonierende Mischung aus schonungslos ehrlichem Sozialrealismus und einem nostalgisch-verklärenden Blick, der sich wohl vor allem aus der Kinderperspektive (sowohl der Protagonistin als auch der Autorin) speist. Brooklyn ist dabei einerseits als ein weitgehend abgeschobener Ort der Verelendung und Perspektivlosigkeit erkennbar, ein sich selbst erhaltendes soziales Gefängnis – und wird andererseits in bilderreicher Sprache als ein ganz besonderer Ort evoziert. Die Grenze zum Kitsch wird in beiden Aspekten von Smith immer wieder ausgetestet. Schon 1943 bezeichnete eine Kritik in der *Times* den Roman als »an old-fashioned family pudding of well-baked corn«, mit der Anspielung auf ›corny‹, kitschig.

Smith selbst verortete ihre Ästhetik zunächst einmal auf der Seite des Realismus, der sich gegen einen die Wirklichkeit verfremdenden Idealismus stellt. Sie dramatisiert diesen Gegensatz im Roman selbst, in einem Konflikt zwischen Francie und ihrer Lehrerin. Francie ist nicht nur ein ungeheuer lesebegieriges Kind (sie liest jeden Tag ein neues Buch aus der Bibliothek), sondern begeistert sich auch für das Schreiben, zunächst mit großem Erfolg an ihrer Schule. Als sie aber anfängt, über Themen wie Armut und Alkoholismus zu schreiben, fängt sie sich schlechte Noten und eine Standpredigt ihrer Lehrerin ein. »We all admit these things exist. But one doesn't write about them.« Stattdessen solle Francie aus ihrer Einbildungskraft heraus das Schöne beschwören, ewige Wahrheiten wie Sonne und Sterne, Mutterliebe oder Patriotismus. Francie kann darauf nur erwidern, dass ihre Geschichten doch wahr sind. Aber sie kann nicht darauf beharren, denn sie befindet sich an ihrer Schule nur aufgrund einer Lüge: Sie hat eine falsche Adresse angegeben, um in einem besseren Bezirk zur Schule gehen zu können. Daher darf sie nicht verraten, dass die geschilderten Erfahrungen ihre eigenen sind.

Bei allem impliziten Vorrang des Realismus vor dem Idealismus ließe sich allerdings doch fragen, ob nicht ein versteckter Idealismus im archetypischen Mythos des »American Dream« vorliegt, der den Roman auf subtile Weise grundiert. Schließlich ist Francies eine Erfolgsgeschichte – sie schafft es aus den Engen Brooklyns heraus und wird das erreichen, wovon sie als Kind kaum zu träumen gewagt hat. Und – das ist ideologisch gesehen sehr wichtig – die Voraussetzungen dafür liegen einzig und allein in ihr selbst. Strukturell ist sie auf ganzer Linie benachteiligt, muss sich wie der Baum aus den widrigsten Umständen herauskämpfen, und niemand kann ihr dabei wirklich helfen – zumindest fällt

Betty Smith keiner ein. Denn so evokativ sie in der Schilderung des Elends auf den Straßen von Brooklyn ist, so stumm ist sie, wenn es um eine mögliche Kritik an den sozialen Strukturen gehen könnte, die dieses Elend erst hervorgebracht haben. Kein Wort wird darüber verloren, wie sich eine Gesellschaft weiterentwickeln müsste, damit nicht ganze Generationen von Francies in ihrem sozialen Status gefangen bleiben. Stattdessen wird eine einzelne Figur in ihrer ganzen Besonderheit herausgehoben und durch die durchaus sentimentale Darstellung zur Identifikation angeboten, um anschließend belohnt zu werden, als Beweis dafür, dass der Einzelne es schaffen kann, wenn er (oder sie) nur robust genug (›rugged‹) ist.

Das Ideal des »rugged individualism« ist aus der Erfahrung der Amerikanischen Expansion in der ›Wildnis‹ entstanden; in diesem Fall begibt sich das Individuum willentlich und wissend in einen Raum außerhalb helfender Strukturen, sodass es ganz auf sich allein gestellt ist. Der Anreiz dafür sind die Möglichkeiten / Gelegenheiten (»opportunities«), die sich daraus ergeben, und die selbstverständliche Inbesitznahme dessen, was man sich zu eigen macht. In Smiths Roman aber ist die Wildnis eben keine natürliche, sondern eine menschengemachte, der urbane Dschungel Brooklyns und die Abwesenheit von helfenden sozialen Strukturen.

Es ließe sich daher zumindest polemisch fragen, inwiefern der Roman mit seiner Feier des widerstandsfähigen Einzelnen, der über naturalisierte Hindernisse hinweg gedeiht und über sie hinauswächst, nicht letztendlich die Strukturen stabilisiert, die er hinter sich zu lassen versucht. Sein nachhaltiger Erfolg scheint dies zu bestätigen. Wiewohl von der Kritik weitgehend ignoriert, wird er bis heute immer wieder gelesen und führt auch im 21. Jahrhundert noch zu begeisterten Reaktionen. Oprah Winfrey, zeitweise sicher die bei weitem einflussreichste Person auf dem amerikanischen Buchmarkt, bezeichnete ihn als das Buch, dass sie in ihrer Jugend am meisten bewegt habe, und die New York Public Library klassifizierte es als eines der »Bücher des Jahrhunderts«.

Diese Begeisterung lässt sich sicher ein Stück weit damit erklären, dass seine unausgesprochene Ideologie so klar dem amerikanischen Selbstverständnis entspricht: Bei einer Befragung von 2016 gaben 57 Prozent der Amerikaner an, dass der Erfolg im Leben nicht von Kräften außerhalb ihrer Kontrolle bestimmt sei. Dazu passt, dass sich etwa die gleiche Zahl eine Regierung wünschte, die möglichst wenig auf soziale Strukturen und Bedingungen Einfluss nimmt.

Im Roman kommt diese Haltung in der schon dogmatisch zu nennenden absoluten Weigerung der Familie Nolan und ihrer Umgebung zum Ausdruck, in irgendeiner Weise *charity* anzunehmen, also im Prinzip Wohlfahrtsleistungen jeglicher Art. In einer nicht besonders realistischen Szene sitzen alle Kinder des Viertels bei einer großen Aufführung, an deren Ende ein reiches Mädchen eine Puppe verschenken möchte. Da aber gefragt wird, ob es irgendwo im Publikum ein »armes Kind« gäbe, dass die Puppe haben möchte, bleiben alle Hände unten.

Vor Ort Brooklyn Moon Café

Das Brooklyn Moon Café auf der Fulton Street im Viertel Fort Greene kann mittlerweile auf eine fast 30-jährige Vergangenheit zurückblicken, in der es seine Gäste nicht nur mit Essen, Getränken und Musik versorgt hat, sondern auch mit hautnah erlebbarer Literatur. Neben Musikern wie Mos Def, Saul Williams und Erykah Badu und Filmschaffenden wie Spike Lee und Chris Rock bietet das Café, das sich als eine Brooklyner Antwort auf Manhattans Nuyorican Poets Café versteht, auch Dichtern eine Bühne. Wie der Besitzer Michael Thompson es beschreibt: »I wanted to bring something to Fort Greene because there was no place for people to meet. I figured that getting poetry in here would have a way to bring people in … it's the poetry that made the place really big.« Die Pandemie hat dem Café schwer zugesetzt, da es sich nicht für Hilfsleistungen qualifizierte, aber dank einer GoFundMe-Kampagne konnte es über diese schwere Zeit hinweggerettet werden.

Hubert Selby: *Last Exit to Brooklyn*

Kaum ein anderer Autor hat dem Mythos von Brooklyn als urbane Vorhölle so radikal und konsequent ein literarisches Denkmal gesetzt wie Hubert Selby mit seinem 1964 erschienenen Roman *Last Exit to Brooklyn*. Sein Text, der bis heute kaum etwas von seiner ursprünglichen Skandalkraft eingebüßt hat, ist eine danteske, fieberhafte Reise in eine herzlose Welt menschlicher Abgründe, die wohl keinen Leser unberührt lässt. Für das Stadtmarketing von Brooklyn war er allerdings eher eine Katastrophe, denn er zementierte die Assoziation aller großstädtischen Niedergangsvisionen mit dem ohnehin schon gebeutelten Bezirk von New York.

Liest man Selbys ersten Roman, mag man sich fragen, woher das Ausmaß an Negativität wohl kommen mag. Der Autor selbst sagte einmal, dass er, nicht zuletzt wegen seines eigenen frühen Leidensweges, einen großen »hatred of god« verspürte, während er *Last Exit to Brooklyn* schrieb. Schließlich kann niemand Selby absprechen, dass er sich aus persönlicher Erfahrung mit Leid auskennt. Geboren 1928 in Brooklyn, ging er zunächst auf die P. S. 107 (Public School) in Bay Ridge und dann auf die Peter Stuyvesant High School, die er aber schon nach einem Jahr wieder verließ, um sich im Alter von 15 Jahren der Handelsmarine anzuschließen (bis dahin ein Lebenslauf, der sehr stark dem von Betty Smith ähnelt). Während einer Stationierung in Übersee infizierte er sich auf einem Rindertransport mit Tuberkulose. Bei einer Operation, die ihn fast das Leben kostete, wurde ihm ein Lungenflügel entfernt sowie eine Reihe von Rippen, um an die Lunge zu gelangen. Es folgten zehn Jahre der qualvollen Rekonvaleszenz, in der er zusätzlich mit Asthma kämpfte und seine chronischen Schmerzen mit allem behandelte, was ihm zur Verfügung stand, von ärztlich verschriebenen Schmerzmitteln über Alkohol bis zu Heroin. Verschiedene Abhängigkeiten verfolgten ihn daraufhin den Rest seines Lebens, das immerhin deutlich länger dauerte, als ihm seine Ärzte zunächst zugestanden hatten, die ihm nach seiner Operation nur eine sehr geringe Überlebenschance gaben. Tatsächlich starb Selby erst 2004 in Los Angeles an den Folgen einer Lungenerkrankung.

In den 1960er Jahren konnte Selby, der mittlerweile ein Ehemann und Vater geworden war, aufgrund seiner beeinträchtigten Gesundheit allerdings kaum einer geregelten Arbeitstätigkeit nachgehen. Ein Freund aus seiner Jugend, Gilbert Sorrentino, der in der Zwischenzeit zu einem wichtigen Autor des literarischen Untergrunds geworden war, ermunterte ihn zum Schreiben. Laut Selby sah er darin eine mögliche Lösung seiner Probleme: »I know the alphabet. Maybe I could be a writer.«

Selby schrieb also, und da er keinerlei formales Training oder auch nur eine höhere Bildung genossen hatte, schrieb er über das, was er kannte: den einfachen und vergessenen Menschen in Brooklyn, das Leben in den vernachlässigten Ecken der Stadt. Und er schrieb ungefiltert, ohne ›Kunstanspruch‹ und ohne einen Bildungsauftrag, der wohl eine moralisierende oder zumindest eine analysierende Perspektive verlangt hätte. Betty Smith hatte sich zwar auch jeglicher Analyse enthalten, doch die ›Moral von der Geschichte‹ war zumindest implizit nicht zu überhören. Francie muss in ihrem Leben viel lernen, aber sie (und mit ihr die Leserin) kann sich immer auf ihren moralischen Kompass verlassen – letzten Endes wird sie stets das Richtige tun. Bei Selby gibt es keinen moralischen Fixpunkt, niemanden der sich als Identifikationsfigur eignen würde. Gleichzeitig wird keine der Figuren vom Erzähler verurteilt, wenn Figuren von der Handlung ›bestraft‹ werden, dann handelt es sich ebenfalls nur um zufällige Akte der Gewalt.

Last Exit to Brooklyn spielt hauptsächlich in der Gegend rund um das Brooklyn Army Terminal, in der Nähe des Wassers und an der Grenze zu den heutigen Bezirken Sunset Park und Bay Ridge, eine schon architektonisch trostlose und industriell dominierte Gegend, in der es statt potenziell hübscher Brownstones nur abweisende Sozialbauten, Fabriken oder Lagerhallen gibt. Fälschlicherweise wird oft behauptet, der Roman habe Red Hook als Schauplatz, wohl auch weil die Verfilmung von 1989 teilweise dort gedreht wurde (es spricht aber auch Bände über das nachhaltig schlechte Image Red Hooks).

Der Roman hat keine konventionell lineare Struktur, keinen durchgängigen Handlungsbogen oder eindeutige Protagonisten. Er besteht vielmehr aus sechs verschiedenen Sektionen, die für sich stehen könnten und die zum Teil auch schon vor der Veröffentlichung des Romans in Zeitschriften erschienen waren. Bereits in den späten 1950ern publizierte Selby das spätere Kapitel »The Queen is Dead« in literarischen Magazinen. »Tralala« kam 1961 in der *Provincetown Review* heraus und deutete bereits das Skandalpotenzial von Selbys Schreiben an. Bis 1964 erweiterte er die Geschichten dann, bis sie die Form des Romans annahmen, der bei Grove Press erschien, einem berüchtigten Untergrundverlag, der auch schon kontroverse Autoren wie William S. Burroughs und Henry Miller verlegt hatte. Letzterer hatte die meiste Zeit seines Lebens ebenfalls in Brooklyn verbracht und seine Erfahrungen in vielen seiner Romane verarbeitet. Wie Selby nach ihm, hatte auch Miller seinen Blick auf die hässlichen Seiten des Stadtlebens gelenkt, die Teile, die die Öffentlichkeit gern ausblendet. So schreibt er in seiner Kurzgeschichtensammlung *Black Spring* (1936):

> Where others remember of their youth a beautiful garden, a fond mother, a sojourn at the seashore, I remember, with a vividness as if it were etched in acid, the grim, soot-covered walls and chimneys of the tin factory opposite us and the bright, circular pieces of tin that were strewn in the street, some bright and gleaming, others rusted, dull, copperish, leaving a stain on the fingers … I remember the black hands of the ironmolders, the grit that had sunk so deep into the skin that nothing could remove it, not soap, nor elbow grease, nor money, nor love, nor death.

Bei Miller wie bei Selby liegt der Fokus nicht auf den klassischen, handlungsorientierten Strukturen der Epik. Es gibt keine Heldenreise (denn es gibt keine Helden), es gibt keinen Spannungsbogen (denn dafür müssten die Figuren entweder etwas zu gewinnen oder auch nur zu verlieren haben); stattdessen gibt es das nackte Leben und den Schmutz, in dem es sich ereignet, der sich darin eingräbt wie der Ruß in die Finger der Eisenarbeiter, bis das eine nicht mehr vom anderen zu unterscheiden ist. Deswegen ist auch in Selbys Roman das Ganze des Romans weit mehr als die Summe seiner Teile (der teils vignettenhaften Kapitel als Einzelerzählungen), denn zum einen weisen die einzelnen Teile Überschneidungen auf, was Figuren, Handlungen und vor allem Orte angeht, und zum anderen ergänzen sie sich zu einem Panorama der Ausweglosigkeit, das mit einer stringenteren Erzählweise nicht so überzeugend zu erzielen gewesen wäre.

Die erste Geschichte, »Another Day, Another Dollar«, legt vom Titel angefangen bereits den Ton und die Erzählstrategie fest. Es geht um ›nichts Besonderes‹, nur einen weiteren perspektivlosen Tag, an dem es die Zeit totzuschlagen gilt, und wenn es später zu einem barbarischen Gewaltausbruch kommt, dann ist dies eben auch gerade ›nichts Besonderes‹, ein Bestandteil des Lebens, nichts, worüber es sich nachzudenken lohnte. Vinnie und seine ›Gang‹ hängen in und um den ›all night diner‹ The Greek rum, der als Schauplatz eines der verbindenden Elemente ist, auf der Suche nach Thrills, die sie schließlich in der Konfrontation mit einer Gruppe von Soldaten auf Freigang finden.

Der schockierendste Teil des Romans ist »Tralala«, der den rasanten Absturz der titelgebenden Prostituierten schildert. »Tralala« ist weit von jedem Klischee der »Hure mit Herz« entfernt – zu Beginn der Geschichte lockt sie Matrosen in Hotelzimmer, um sie dann im Schlaf auszurauben, wobei sie auch vor Gewalt nicht zurückschreckt –, doch die Brutalität, mit der ihr die Welt entgegentritt, steht dazu in keinem Verhältnis. Am Ende eines von Alkohol, Drogen und Hass gespeisten Höllentrips steht eine Massenvergewaltigung, die nicht nur in der amerikanischen Literatur ihresgleichen sucht.

»Strike« nimmt sich, verglichen mit der beklemmenden und scheinbar unentrinnbaren Dynamik der Abwärtsspirale von »Tralala«, deutlich mehr Zeit und gibt sich weniger sensationalistisch. Geschildert wird in diesem mit Abstand längsten Kapitel ein Fabrikstreik aus der Sicht des Vorarbeiters und Gewerkschafters Harry, der das Streikbüro organisiert. Im Gegensatz zu den bisherigen Figuren steht Harry weit weniger am Rand der Gesellschaft und ist auch nicht offen kriminell. Dennoch ist er unter den problematischen Figuren, die Selby auftreten lässt, vielleicht die unsympatischste – keine kleine Leistung. Das Thema des organisierten Arbeiterkampfes würde eine politische Komponente erwarten lassen, doch nicht nur Harry ist frei von jeder Überzeugung oder

Idealismus – die Streikenden ebenso wie die Fabrikmanager sind höchstens von Motiven wie Selbst- oder Rachsucht getrieben, ein politischer Prozess findet nicht statt, was bleibt ist einmal mehr nur Gewalt.

Noch weiter fragmentiert als die bisherigen Kapitel ist schließlich »Landsend«, der letzte, als »Coda« bezeichnete Teil. Eine ganze Reihe von kurzen Vignetten springt zwischen den Bewohnern einer großen Sozialsiedlung hin und her, zeigt Episoden aus ihrem Tagesablauf, die Brutalität des täglichen Lebens, punktiert von den nur grotesk wirkenden öffentlichen Bekanntmachungen und Ermahnungen der Hausverwaltung.

Das Erste, was beim Lesen des Romans auffällt, ist sicher seine ungewöhnliche sprachliche Form. Selby verwendet nicht nur einen spezifischen Slang, sondern nähert sich mit seiner Schreibweise der gesprochenen Sprache Brooklyns lautmalerisch an, sodass man viele der Worte zunächst einmal laut sprechen muss, um ihre Bedeutung zu erraten. Selby sagte selbst über sein Schreiben: »I write, in part, by ear. I hear, as well as feel and see, what I am writing. I have always been enamoured with the music of the speech in New York.« Darüber hinaus wirft er konsequent die Regeln der englischen Grammatik und Syntax über Bord. Anführungszeichen und Absatzmarkierungen werden weggelassen, manche Sätze werden endlos fortgeführt, sodass sich ein fast manischer Erzählstrom ergibt, in den man hineingezogen wird. Im Ergebnis entwickelt er so seine eigene Kunstsprache, die wie das Dargestellte auch zu gleichen Teilen aus authentischer Beobachtung und visionärer Gestaltung besteht.

Denn den Roman nur als naturalistisches Manifest zu verstehen, ihn auf das Paradigma des ›schonungslosen Realismus‹ festzulegen, würde ihm nicht gerecht werden. Er ist kein Sozialdokument, kein objektiver Journalismus, sondern eine künstlerisch überhöhte Vision, ein Albtraumszenario von mythischer Dimension. Die Bibelzitate, die jeder der sechs Sektionen voranstehen, geben eine erste Ahnung davon. Anders als bei den Figuren in *A Tree Grows in Brooklyn* oder *The Chosen* spielt gelebte Religion hier eigentlich gar keine Rolle, die Zitate wirken daher zunächst inkongruent, ergeben aber Sinn, wenn man sie als Marker für die über das Realistische hinaus überhöhte Erzählweise begreift. Auch Selbys »Brooklyn« kann und konnte man nicht besuchen, es basiert auf der realen Stadt und ist doch auch ein mythischer Ort, nicht die nostalgisch verklärte Armutspastorale von *A Tree Grows in Brooklyn*, sondern eine Unterwelt, aus der es kein Entkommen gibt. Nicht zuletzt, weil die wahre Hölle ganz tief im Menschen selbst steckt.

Selby gewährt uns Einblick in alle Höllenkreise Brooklyns. Allerdings gibt er uns keinen Vergil an die Seite, der uns leiten und vielleicht auch etwas erklären könnte. Jede Wertung und jeder Kommentar bleiben ausgespart. Als Leser haben wir unvorsichtigerweise die letzte Ausfahrt nach Brooklyn genommen, nun ist das Taxi weg und wir stehen verunsichert auf der Straße, ohne (moralische) Orientierung und ganz bestimmt ohne Stadtplan.

In seiner Würdigung von Selbys Roman angesichts der Jubiläumsausgabe von 2011 schrieb der schottische Schriftsteller Irvine Welsh (*Trainspotting*, 1993) über die Aktualität von Selbys Vision gerade angesichts der Tatsache, dass das Brooklyn, das er vor 45 Jahren beschrieben hatte, zumindest an diesem Ort nicht mehr existiert:

> Ironically, Brooklyn, or at least the part that Selby wrote about, has been transformed by Manhattan overspill into a vibrant global marketplace of urban cool. It's the home of America's most cutting-edge rock bands, a colony of artists, and now one of the monikers of choice for young celebrities and the children of famous couples and those who would slavishly follow them. Subsequently, Selby's Brooklyn has been pushed outwards into projects that most people visiting or working in New York City will scarcely see, outside of a glance from the highway or a commuter train. Yet precisely because our urban economics and town planning have become so adroit at hiding the ugly fallout of the system's losers from our sensitive bourgeois eyes, Selby's bleak humanity now seems at more of a premium than ever.

Der Roman war bei seinem Erscheinen ein großer Erfolg, aber gleichzeitig nicht ganz überraschenderweise auch ein literarischer Skandal. Im Jahre 1967 strebte der britische Parlamentarier Sir

Cyril Black einen Prozess gegen das Buch an und es wurde zeitweise in Großbritannien wegen Obszönität verboten. Eine Vielzahl an Verteidigern trat im Revisionsprozess auf, darunter der Literaturkritiker Frank Kermode, der Romancier Anthony Burgess und der Dichter Allen Ginsberg (dessen Buch *Howl* zehn Jahre zuvor in Amerika einen ganz ähnlichen Prozess durchgemacht hatte). Das Verbot wurde ein Jahr später wieder aufgehoben. Ginsberg erklärte bei dieser Gelegenheit, das Buch »explodes like a rusty hellish bombshell over America and will still be read in a hundred years«.

Orte: Red Hook

Wie sich sehen lässt, wurde Brooklyn im 20. Jahrhundert zu einem nationalen Symbol für gefährliche innerstädtische Straßenpflaster, verkommende Elendsviertel und städtische Gewalt. Bei näherem Hinsehen zeigt sich allerdings auch, dass Brooklyn selbst in seinen schlechtesten Zeiten keineswegs ein monolithisches Soziotop gewesen ist, sondern dass vielmehr lokal zu differenzierende soziale Unterschiede herrschten. Zwar litt etwa auch das Viertel Brooklyn Heights unter der brachialen Stadtplanung von Robert Moses, vor allem unter dem Brooklyn-Queens-Expressway, aber das eher großbürgerlich geprägte Viertel begann sich schon sehr früh gegen diese Entwicklung zu wehren, verfügte über die beste Bausubstanz an Brownstones und zeigte eine beginnende Gentrifizierung bereits ab den 1950ern, lange bevor es den Begriff gab, während andere Viertel weiter abstürzten. Ganz am anderen Ende des Spektrums dagegen, da wo selbst für die meisten hartgesottenen Brooklyner der Spaß aufhört, steht Red Hook.

Red Hook ist eine Halbinsel, die in die Upper Bay hineinragt, eine Gegend, die immer von schwerer Industrie geprägt war und daher keine schlummernden architektonischen Perlen anzubieten hatte, die es aus dem Dornröschenschlaf zu erwecken galt, sondern nur hässliche Lagerhallen. Der Brooklyn-Queens-Expressway hat sie komplett vom Rest des Boroughs abgeschnitten. Es ist die einzige größere Gegend Brooklyns ohne eine eigene U-Bahn-Station.

Red Hook wehrte sich am längsten gegen die Gentrifizierung (beziehungsweise wurde als letztes für eine solche Entwicklung in Betracht gezogen), und es war schon verrufen, als die amerikanische Großstadt für die meisten noch einen technisch-utopistischen Fortschrittsgedanken symbolisierte. All dies schlug sich in der Literatur nieder. Während etwa die Williamsburg-Literatur den Fokus auf Familie oder Community legt, mit Romanen und Memoiren zur künstlerischen Selbstfindung oder nostalgischen Blicken zurück in die eigene Kindheit, dominieren beim Blick auf Red Hook ganz klar die Genres Horror und Krimi. Dabei ist auffallend, dass Kriminalromane, die in Red Hook spielen, den Ortsnamen einfach ohne weitere Beifügung als Titel übernehmen (wie Gabriel Cohen, *Red Hook*, 2001 und Reggie Nadelson, *Red Hook*, 2005): Der Name ist bereits Programm, verspricht auch ohne weiteren Kommentar Kriminalität, Gewalt, dunkle Machenschaften.

In Thomas Wolfes Kurzgeschichte »Only the Dead Know Brooklyn« begegnet der Erzähler einem merkwürdigen Mann, dessen Freizeitbeschäftigung offensichtlich darin besteht, sich verschiedene Gegenden von Brooklyn anzusehen. Das allein reicht aus, um den Mann mindestens als Sonderling einzuschätzen, endgültig als von allen guten Geistern verlassen gilt er allerdings in dem Moment, als er erzählt, er wäre auch schon freiwillig in Red Hook gewesen:

> »Jesus!« I said. »Red Hook!«
> »Sure« he says. »Dat's where it was, all right.«
> »Well, you keep outa deh« I says. »You stay away from deh.«
> »Why?« he says. »What's wrong wit it?«
> »Oh« I says, »it's a good place to stay away from, dat's all.
> It's a good place to keep out of.«
> »Why?« he says. »Why is it?«
> Jesus! Whatcha gonna do wit a guy as dumb as dat?

»A good place to stay away from«, das ist immer wieder die vorherrschende Meinung, denn der Ort bedeutet schon fast automatisch Ärger. Eine Ansicht, die noch weiter zurückreicht als Wolfe, bis mindestens zu einem Autor, der dem Viertel ein nachhaltiges, wenn auch hochproblematisches Denkmal gesetzt hat: H. P. Lovecraft mit seiner Novelle *The Horror at Red Hook* von 1925.

Lovecraft, geboren 1890 in Providence, Rhode Island, schrieb Romane und Kurzgeschichten für die »pulp«-Magazine seiner Zeit (auf billigem Papier gedruckte Heftchenreihen mit sensationellen Storys aus den Bereichen Fantasy, Science Fiction und Horror), wie zum Beispiel *Weird Tales*. Heute gilt er als wichtigster Wegbereiter einer neuen Form des Horrors in der ersten Hälfte des 20. Jahrhunderts, die er selbst »cosmic horror« nannte, und die eine wesentliche Veränderung der bis dahin gängigen Form der Schauerliteratur (*gothic fiction*) darstellte. Er selbst fasste seine Herangehensweise so zusammen: »Now all my tales are based on the fundamental premise that common human laws and interests and emotions have no validity or significance in the vast cosmos-at-large.« Eine weitere Besonderheit war, dass er ab einem bestimmten Zeitpunkt damit begann, eine eigene Mythologie zu entwickeln, die verschiedene seiner Texte miteinander verband. Solche »shared universes« sind heutzutage Standard vor allem in spekulativen Gattungen. Aber zu Lovecrafts Zeiten waren sie revolutionär, zumal er andere Autoren ermunterte, sich an dieser Mythologie zu bedienen und ihre Geschichten in seinem fiktionalen Universum anzusiedeln. Darin liegt seine eigentliche literaturgeschichtliche Bedeutung, dies machte ihn zu einem der einflussreichsten Autoren des Jahrhunderts, obwohl seine eigenen Texte lange Zeit wenig gelesen wurden.

Erst mit zunehmender Anerkennung seiner Rolle als Wegbereiter rückte sein eigenes Werk und damit auch seine Person wieder stärker ins Zentrum der Aufmerksamkeit. Dabei war allerdings auch die Erkenntnis unvermeidbar, dass es sich bei Lovecraft selbst um einen ganz üblen Rassisten handelte, dessen Vorurteile und Ressentiments weit über das hinausgingen, was man vielleicht noch als zeitgenössische Eingeschränktheit bezeichnen würde (im Sinne von: »man wusste es halt nicht besser«). Weitgehend muss man wohl auch feststellen, dass sein Rassismus nicht nur ein biografischer Fakt ist, der vom Werk unabhängig wäre und damit vielleicht noch ignoriert werden könnte. Vielmehr ist seine Abscheu vor dem »Fremden«, »Anderen« eben ein wesentlicher Motor für seine spezielle Auslegung des Horrors. Wie die schwarze Science-Fiction-Autorin N. K. Jemisin, die sich analytisch und kreativ mit dem problematischen Erbe Lovecrafts auseinandergesetzt hat, bemerkt, »his biases were the basis of his horror. [...] He does some incredible imagery, it's powerful work, but it's frightening [...] because it's a way to look into the mind of a true bigot, and realize just how alien their thinking is, just how disturbing their ability to dehumanize their fellow human beings is.«

Die Geschichte mit ihren rassistisch motivierten fremdenfeindlichen Tönen passt leider nur allzu gut in die Zeit ihrer Entstehung. Sie wurde nur ein gutes Jahr nach Verabschiedung des Johnson-Reed-Acts durch den US-Kongress geschrieben. Dieses Gesetz beschränkte nicht nur die Möglichkeiten der legalen Immigration nach Amerika in drastischer Weise, es tat dies auch sehr selektiv und entsprechend einer rassistischen Priorisierung. ›Unerwünschte‹ Einwanderer wurden so systematisch ausgesperrt, dies galt fast vollständig für alle Asiaten, vor allem für Chinesen, aber auch für Süd- und Osteuropäer. Die pseudowissenschaftliche Grundlage dafür lieferte der amerikanische Rechtsanwalt Madison Grant, der eine Reihe von rassentheoretischen und eugenischen Werken schrieb (zum Beispiel *The Passing of the Great Race or the Racial Basis of European History* von 1916), die später auch Adolf Hitler beeinflussen sollten. Das Gesetz wurde fast einstimmig angenommen; signifikanterweise kam eine der entschiedensten Gegenstimmen vom frisch gewählten Vertreter aus Brooklyn, Emanuel Celler, für den die Opposition zum Lebenswerk werden sollte.

Lovecraft dagegen stand mit Sicherheit auf der anderen Seite der Debatte, und die Jahre, die er in New York und vor allem in Brooklyn verbracht hatte, machten die Sache nicht besser. 1924 heiratete er gegen den Widerstand seiner Familie Sonia Greene, und die frisch Vermählten zogen aus Providence in das Brooklyner Apartment der Braut in 259 Parkside Avenue. Die 13 Jahre ältere Greene war überzeugt, dass es Lovecraft in der Großstadt besser gehen würde und war bereit, ihn durch ihre Arbeit als Hutmacherin finanziell zu unterstützen, während er versuchte, als Autor zu reüssieren. Finanzielle Schwierigkeiten zwangen Greene jedoch, in Cleveland zu arbeiten, während Lovecraft in eine kleine Wohnung am Rand von Red Hook umziehen musste. Spätestens in dieser Situation blühte seine negative Einstellung gegenüber New York im Allgemeinen und Red Hook im Speziellen so richtig auf. Dies basierte sicherlich einerseits auf seiner Isolation und der Tatsache, dass in seine Wohnung eingebrochen wurde, aber eben auch auf seiner Abscheu gegenüber der multiethnischen Bevölkerung, die ihn umgab. Greene beschrieb es so: »Whenever we found ourselves in the racially mixed crowds which characterize New York, Howard would become livid with rage. He seemed almost to lose his mind.« Lovecraft notierte in seinem Tagebuch einen Besuch in Red Hook am 8. März 1925, und Greene beschrieb in ihren

Memoiren eine Begebenheit, die angeblich die zentrale Inspiration für die Geschichte darstellt:

> It was on an evening while he, and I think Morton, Sam Loveman and Rheinhart Kleiner were dining in a restaurant somewhere in Columbia Heights that a few rough, rowdyish men entered. He was so annoyed by their churlish behavior that out of this circumstance he wove »The Horror at Red Hook«.

Ob dies stimmt, lässt sich natürlich nicht verifizieren, offensichtlich aber ist die Intensität der Abneigung, die sich in Lovecraft aufbaute. In einer in der New Yorker Zeit entstandenen Geschichte, »He«, lässt er seinen Erzähler Worte sagen, die ihm vermutlich aus dem Herzen sprachen: »My coming to New York had been a mistake; for whereas I had looked for poignant wonder and inspiration [...]. I had found instead only a sense of horror and oppression which threatened to master, paralyze, and annihilate me.« Ganz gemäß seiner Vision des ›kosmischen Horrors‹ projizierte er dieses paralysierende Gefühl nach außen, auf die Menschen, die ihn umgaben und die in seiner Story zu unmenschlichen Handlangern abscheulicher dämonischer Kräfte werden. Im realen Leben bezeichnete er sie allerdings in noch viel unerträglicheren Worten vor allem als ›unter-menschlich‹:

> The organic things – Italo-Semitico-Mongoloid – inhabiting that awful cesspool could not by any stretch of the imagination be call'd human. They were monstrous and nebulous adumbrations of the pithecanthropoid and amoebal; vaguely molded from some stinking viscous slime of earth's corruption, and slithering and oozing in and on the filthy streets or in and out of windows and doorways in a fashion suggestive of nothing but infesting worms or deep-sea unnamabilities.

The Horror at Red Hook wurde am 1. und 2. August 1925 geschrieben. Lovecraft hatte gehofft, durch die zentrale Figur des irisch-amerikanischen Detektivs seinen Leserkreis zu vergrößern, doch die Kriminalzeitschriften kauften ihm die Geschichte nicht ab. Er musste sie erneut in seinem Stammmagazin *Weird Tales* veröffentlichen, wo sie in der Januarausgabe von 1927 erschien. In der Entwicklung von Lovecrafts Gesamtwerk nimmt sie eine Mittelstellung ein zwischen den Frühwerken und dem kurz darauf begonnenen Cthulhu-Mythos. Zwar lassen sich in dem dämonischen Kult und dem Eröffnen einer höllischen Dimension klare Parallelen erkennen, aber noch entsprechen diese den vertrauten Konventionen der Horrorliteratur der Zeit.

Die Geschichte dreht sich um den New Yorker Detektiv Thomas F. Malone, irischer Abstammung und »tall, heavily built, and wholesome-looking«. Sie beginnt mit einer merkwürdigen Begebenheit, bei der Malone eine unkontrollierbare Angst vor hohen Gebäuden, ja, vor jedem Anflug von Urbanität zur Schau stellt. Dann springt sie zurück in die Vergangenheit, um die Herkunft dieser speziellen Phobie zu erklären. Malone arbeitet als Polizist in der Burough-Hall-Station, in der Nähe von Red Hook, das so beschrieben wird:

> Red Hook is a maze of hybrid squalor near the ancient waterfront opposite Governor's Island, with dirty highways climbing the hill from the wharves to that higher ground where the decayed lengths of Clinton and Court Streets lead off toward the Borough Hall. Its houses are mostly of brick, dating from the first quarter to the middle of the nineteenth century, and some of the obscurer alleys and byways have that alluring antique flavour which conventional reading leads us to call »Dickensian«. The population is a hopeless tangle and enigma; Syrian, Spanish, Italian, and negro elements impinging upon one another, and fragments of Scandinavian and American belts lying not far distant. It is a babel of sound and filth, and sends out strange cries to answer the lapping of oily waves at its grimy piers and the monstrous organ litanies of the harbour whistles.

Lovecrafts Beschreibung ist, zumindest was die demografischen Daten angeht, weitgehend korrekt, allerdings ersetzt er – wohl um den Kontrast zum irischen Malone zu erhöhen – die dort zu dieser Zeit ansässige irische Bevölkerung durch Spanier. Diese allerdings kamen erst später in die Gegend. Malone wird auf die merkwürdige Figur von Robert Suydam aufmerksam. Ein Mann aus einer reichen holländischen Familie, der in einer heruntergekommenen

Wohnung lebt und zweifelhaften Umgang pflegt, »loitering on the benches around Borough Hall in conversation with groups of swarthy, evil-looking strangers«. Gleichzeitig mehren sich Fälle von unaufgeklärten Entführungen. Suydam wird zunächst zum ›Fall‹, da seine Familie versucht, ihn gerichtlich für unzurechnungsfähig zu erklären, doch mit einem Mal erscheint er unerklärlich verjüngt und gibt seine Verlobung mit einer vermögenden Braut bekannt. Die Hochzeitsreise auf einem Schiff endet jedoch im Grauen, denn nachdem ein fürchterlicher Schrei gehört wird, findet man das Brautpaar ermordet und vollkommen blutleer vor. Der Kapitän befolgt Suydams angeblich letzten Willen und übergibt dessen Leiche einer Gruppe fremdartiger und unheilvoller Männer, die von einem »Arab with a hatefully negroid mouth« angeführt werden.

Zeitgleich mit dem Mord nimmt die Unruhe in Red Hook spürbar zu, viele der Bewohner versammeln sich in der Nähe einer ehemaligen Kirche, die jetzt eine Tanzhalle ist. Drei Kinder werden als vermisst gemeldet. Bevor es zu Ausschreitungen kommen kann, beschließt die Polizei eine großangelegte Razzia der Gegend, in deren Gefolge Malone, der noch nichts von dem Mord weiß, Suydams Haus betritt. Als er versucht, die Kellertür aufzubrechen, wird er plötzlich nach innen gesogen und findet sich in einer albtraumhaften, höllischen Welt wieder, in der unaussprechliche Kreaturen einhergehen: »Avenues of limitless night seemed to radiate in every direction, till one might fancy that here lay the root of a contagion destined to sicken and swallow cities, and engulf nations in the foetor of hybrid pestilence.« Malone sieht, wie ein unerkennbares Wesen den Körper Suydams in einer Prozession trägt, offensichtlich um ihn Lilith zum Opfer zu bringen. Plötzlich aber rennt der unerklärlich belebte Suydam davon und bringt mit letzter Kraft einen goldenen Thron zum Einsturz, woraufhin die gesamte Szene kollabiert.

Malone wird schließlich unter den Trümmern der tatsächlich zusammengebrochenen Häuser hervorgezogen, für immer traumatisiert von dem, was er mit ansehen musste. Bei der Razzia werden unterirdische Tunnel gefunden sowie Überreste der Verschollenen, mit der Implikation, dass es sich um Menschenschmuggel und Menschenopfer handelt. Die Tunnel werden mit Zement verschlossen und neue Häuser auf den eingestürzten errichtet, »but Malone often speculates on what lies beneath«. Es gelingt ihm nicht, irgendjemanden von seinen Erlebnissen zu überzeugen. So bleibt die Bedrohung erhalten, denn diese ging nicht von Suydam allein oder einer Bande von Verbrechern aus, sondern liegt in der Natur und Struktur der heruntergekommenen Großstadt selbst:

> As for Red Hook – it is always the same. Suydam came and went; a terror gathered and faded; but the evil spirit of darkness and squalor broods on amongst the mongrels in the old brick houses, and prowling bands still parade on unknown errands past windows where lights and twisted faces unaccountably appear and disappear. Age-old horror is a hydra with a thousand heads, and the cults of darkness are rooted in blasphemies deeper than the well of Democritus. The soul of the beast is omnipresent and triumphant, and Red Hook's legions of blear-eyed, pockmarked youths still chant and curse and howl as they file from abyss to abyss, none knows whence or whither, pushed on by blind laws of biology which they may never understand. As of old, more people enter Red Hook than leave it on the landward side, and there are already rumours of new canals running underground to certain centres of traffic in liquor and less mentionable things.

Lovecraft zeigt in der Geschichte seine Kenntnis der Gegend. So gibt es für die in eine Tanzhalle umgewandelte Kirche ein historisches Vorbild und auch Suydams Haus könnte so wie beschrieben in der Martense Street gestanden haben (die nur einen Katzensprung von 259 Parkside entfernt ist). Entscheidender aber ist seine so grotesk überhöhte Ablehnung der Metropole als ein Ort, an dem viele Menschen aus der ganzen Welt auf engstem Raum zusammenkommen, an dem ›Durchmischung‹ an der Tagesordnung ist und altehrwürdige Strukturen (sowohl gesellschaftlicher als auch architektonischer Art) verkommen und degenerieren.

Lovecraft lässt sich in dieser Geschichte als Vertreter einer Ideologie lesen, die den Mythos des ›Niedergangs‹ betont, ja geradezu verabsolutiert, dabei aber den Konkurrenzmythos von ›Community‹ gänzlich verweigert. Im Gegenteil, jegliche nicht-weiße kulturelle Identität wird direkt für den Niedergang verantwortlich gemacht und Gemeinschaft kann nur als sinistrer Satanskult gedacht werden, als eine das Tageslicht scheuende Verschwörung. All das würde dafür sprechen, Lovecrafts Text bestenfalls als ein historisches Dokument wahrzunehmen und ihn ansonsten möglichst schnell zu vergessen. Interessanterweise aber entspricht gerade die jüngste Reaktion von Lesenden und vor allem von Schreibenden so gar nicht den häufig gemachten Vorwürfen an die sogenannte ›cancel culture‹, denn Lovecraft wird keinesfalls ignoriert. Dafür ist sein Einfluss wohl zu allgegenwärtig. Stattdessen findet ein ganz eigener ›Einbruch der Wirklichkeit‹ in sein Werk und sein literarisches Erbe statt. Eine Reihe von vornehmlich schwarzen Autor:innen greift gerade die problematischen Aspekte seines Schreibens auf, um sie auf kreative Weise zu hinterfragen und zu konterkarieren.

Insgesamt sind schwarze Autoren:innen in den letzten Jahren in der Genre-Literatur von Fantasy und Science Fiction viel sichtbarer geworden (gegeben hat es sie schon viel länger, wie die bereits Jahrzehnte alte Tradition des Afrofuturismus zeigt). 2019 hat der jamaikanisch-amerikanische Autor Marlon James, der fünf Jahre zuvor für seinen historischen Roman *A Brief History of Seven Killings* (2014) mit dem Booker Prize ausgezeichnet wurde, mit *Black Leopard, Red Wolf* den ersten Band einer Fantasy-Trilogie veröffentlicht. N. K. Jemisin hat vor einigen Jahren als erste Autorin überhaupt drei Mal hintereinander den Hugo Award erhalten, einen für jeden Teil ihrer *Broken-Earth*-Trilogie. Und 2011 gewann Nnedi Okorafor als erste schwarze Autorin den Word Fantasy Award. Die verliehene Auszeichnung wurde traditionsgemäß in Form einer Büste von H. P. Lovecraft verliehen. Okorafor nutzte die Gelegenheit, um eine öffentliche und breit wahrgenommene Debatte über den extremen Rassismus von Lovecraft anzuregen.

Das hierzulande wohl prominenteste Beispiel für eine Reperspektivierung ist vermutlich Matt Ruffs Roman *Lovecraft Country* (2016), beziehungsweise die darauf basierende Fernsehserie. Die Geschichte spielt in den 1950ern in Amerika, vor allem in den Teilen New Englands, die Lovecraft immer wieder als Settings für seine Geschichten genutzt hat. Schwarze Protagonisten kommen hier in Kontakt mit typischem Lovecraft'schen Horror, dies geschieht aber ganz explizit im Kontext von real existierendem Rassismus und Segregation. Hier zeigt sich auch die mehrfache Bedeutung des Titels, einmal als fiktionaler Handlungsort einer ganzen Reihe von Lovecraft-Geschichten (und damit als Symbol für die literarische Anschlussfähigkeit Lovecrafts), andererseits als Ausdruck dafür, dass sich die Figuren in einer Welt befinden, die mit Lovecrafts bigotten Vorstellungen der Welt im Einklang ist. Hinter den grotesken Fantasiemonstern wird dadurch das rassistische Erbe Amerikas als der wahre Horror erkennbar.

Eine ähnliche Anverwandlung, diesmal mit direktem Bezug zu *The Horror at Red Hook*, findet sich in Victor LaValles Roman *The Ballad of Black Tom* (2016), einem Buch, das mit der folgenden Widmung öffnet: »For H. P. Lovecraft, with all my conflicted feelings«. LaValle erzählt *The Horror at Red Hook* neu aus der Perspektive eines Schwarzen, also einer Figur, die von Lovecraft nur von außen betrachtet worden wäre, als das ›Andere‹. Thomas »Tommy« Tester ist ein Straßenmusiker, der in den Bann der okkulten Vorgänge um Suydam gezogen wird und dessen Hinzufügung die Beziehungen aus Lovecrafts Geschichte destabilisiert. Dessen Gegenspieler, Suydam und der Detektiv Malone, waren sich ja durchaus einig in ihrem Überlegenheitsgefühl gegenüber den untergeordneten »Rassen«, die sie mal als Bedrohung und mal als Handlanger betrachten. Tommy verweigert sich dieser Einschätzung und bringt damit sowohl Suydam als auch Malone zu Fall. Wie bei Lovecraft auch findet der Höhepunkt der Geschichte während der großangelegten Razzia des Stadtviertels statt, auch hier kommt Malone einem dunkelmagischen Ritual auf die Spur. Doch das bizarre Aufbegehren des wiederbelebten Suydams bei Lovecraft wird umgewandelt in die Ermordung Suydams durch Tommy, der sich zur Überraschung aller selbst ermächtigt und zum übermenschlichen ›Black Tom‹ wird. Selbst die 57 Schüsse, die sechs Polizisten auf ihn abfeuern – in einer klaren Anspielung auf bekannte Fälle ähnlich exzessiv angewandter Polizeigewalt –, können ihn nicht stoppen. Seine Bestrafung von Malone (er schneidet ihm mit einem Rasiermesser die Augenlider weg) öffnet diesem auf groteske Weise die Augen für eine

Realität, die »weird« ist, wenn auch signifikant modifiziert gegenüber Lovecrafts Verständnis des Wortes.

Zuletzt erwähnenswert in dieser Reihe ist auch N. K. Jemisins Romanserie »Great Cities«, von denen bisher *The City We Became* (2020) und *The World We Make* (2022) erschienen sind. In dieser Serie erhalten Städte, wenn sie eine bestimmte Größe oder Bedeutung für die Menschheit erreicht haben, sogenannte ›Avatare‹, reale Menschen, die aber gleichzeitig repräsentativ für ihre ganze Stadt stehen und in dieser Funktion auch über besondere Fähigkeiten verfügen. New York hat sogar fünf Avatare, die natürlich für die einzelnen Boroughs stehen (Manhattan, Brooklyn, Bronx, Staten Island, Queens). Die Avatare müssen sich im ersten Roman zusammenraufen, um einen Gegner zu bekämpfen, der »the Enemy« genannt wird und viele Formen annimmt, darunter Lovecraft-ähnliche Monster, aber eben auch Repräsentanten des allgegenwärtigen Rassismus. Der Avatar von Brooklyn, eine ehemalige Rapperin, jetzt Anwältin und Mitglied des Stadtrates, wird so beschrieben:

> And here in this other realm she looms over him, vast and sprawling, wildly patchwork and dense. Not just older and bigger. Stronger in many ways: her arms and core are thick with muscled neighborhoods that each have their own rhythms and reputations. Williamsburg, Hasidim enclave and artist haven turned hipster ground zero. Bed Stuy (do or die). Crown Heights, where now the only riots are over seats at brunch. Her jaw is tight with the stubborn ferocity of Brighton Beach's old mobsters and the Rockaways' working-class holdouts against the brutal inevitability of rising seas. But there are spires at Brooklyn's heart, too – perhaps not as grand as his own, and maybe some of hers are actually the airy, fanciful amusement-park towers of Coney Island – but all are just as shining, just as sharp.

Mythos: Community

»Brooklyn you are the universe« — Bernard Malamud

»Brooklyn is the world's largest small town.« — Tim McLoughlin & Thomas Adcock

»It was in Brooklyn that I learned what it meant to live in a small town« — Philip Dray

Der Mythos des Niedergangs zeigt in seiner extremen Variante, zum Beispiel bei Hubert Selby, die Desintegration aller sozialen Strukturen und zwischenmenschlichen Beziehungen, die nicht auf Gewalt und Ausbeutung beruhen. Dies wird im Schlusskapitel seines Romans am deutlichsten, wo die Sozialsiedlung als der ultimativ gescheiterte Versuch erscheint, solche Strukturen auf undurchdachte Weise künstlich zu erzeugen. Doch eine Masse von Menschen ohne jegliche Perspektive in einer gesichtslosen, anonymisierenden Architektur einzusperren, wird sie kaum zu einer Gemeinschaft zusammenschweißen. Im Gegenteil, wenn die Mischung der Metaphern hier erlaubt sei, im verödeten Großstadtdschungel zeigt sich der Mensch als des Menschen Wolf und jede Gruppe findet eine andere, auf die sie herabschauen kann.

Doch dieses Bild ist nicht die ganze Wahrheit. Denn dem Niedergangsmythos setzt Brooklyn einen ganz anderen entgegen: den des Gemeinschaftsgefühls, der ›Community‹. Immer wieder in seiner Geschichte steht Brooklyn für gewachsene soziale Strukturen, lokal verortbare Kulturen (die sich meist aus ethnischer, nationaler oder religiöser Herkunft formieren), die zumindest für einen Zeitraum Identität schaffen und auch bewahren, für den Einzelnen wie für die Gruppe. Auch wenn das Zusammenleben auf engem urbanem Raum nicht frei von Konflikten ist, es ist ein Zusammenleben, ein friedlicher Umgang miteinander, etwa im Vergleich zur Rassentrennung im amerikanischen Süden und zur noch stärker segregierten Ghettobildung in anderen Städten – oder anderen Vierteln New Yorks. So schrieb Paul Auster über das Brooklyner Viertel Park Slope, »[e]veryone lives there, every race and religion and economic class, and everyone pretty much gets along. Given the climate in the country today, I would say that qualifies as a miracle.« In dieser Perspektive steht Brooklyn als eine beispielhafte Verkörperung des traditionellen amerikanischen

Mottos »e pluribus unum« (›aus vielen eines‹), das immerhin auch auf dem Staatswappen erscheint.

Es gehört dabei aber auch zur Tradition, dass diese Kulturen einem beständigen Kommen und Gehen ausgesetzt sind, beziehungsweise sich in klar erkennbaren Phasen abwechseln. Verschiedene Phasen in der Einwanderungsgeschichte, sich ablösende soziale Schichten, die Flucht der weißen Bevölkerung und der Zustrom von Afroamerikaner:innen, all dies führt zur zeitweiligen Schaffung konkreter und aus individueller Sicht oft intensiver Soziotope, die gleichzeitig einem beständigen Wandel ausgesetzt sind. Insofern entspricht Brooklyn dem Klischee der Weltstadt mit Dorfcharakter, doch handelt es sich dabei um eine ganze Reihe von Dörfern aus der ganzen Welt und viele von ihnen kommen und gehen in der Spanne einer Generation wieder.

Bis zur gentrifizierten Renaissance Brooklyns war diese lokal definierte Gemeinschaftszugehörigkeit der wichtigste Nährboden für die literarische Produktion des Stadtteils. Denn Brooklyn bedeutet Herkunft – im Guten wie im Schlechten. In diesem Sinne beeinflussen sich die beiden vorgestellten Mythen gegenseitig: Niedergang motiviert die Flucht, den Versuch, um alles in der Welt wegzukommen, aber Community schafft erst die Grundlage, dass es etwas (Interessantes) gibt, vor dem man fliehen und über das man erzählen kann. Gemeinsam ergibt das großartige literarische Geschichten.

Noch für den »Stadtneurotiker« Alvy Singer, der Hauptfigur von Woody Allens gleichnamigem Film von 1977, ist Brooklyn nur der Ort, dem man schnellstmöglich in Richtung Manhattan entflieht, eine allenfalls komödiantisch nutzbare Herkunft aus der Stagnation. Zu Beginn des Films erinnert sich Alvy an seine Kindheit in so direkter Nachbarschaft zum Vergnügungspark Coney Island, dass bei jedem Vorbeifahren der Achterbahn die Bilder an der Wand wackeln. Gezeigt wird eine Szene beim Psychiater, zu dem Alvys verzweifelte Mutter geht, da der verschrobene Junge beschlossen hat, depressiv zu sein und keine Hausaufgaben mehr zu machen. Das Universum expandiere, erklärt der Junge dem erstaunten Arzt, und wenn es expandiere, dann würde es eines Tages auch auseinanderbrechen und damit alle Existenz beenden.

Was wäre dann noch der Grund, sich im Leben anzustrengen? Die Erwiderung der Mutter ist ein wunderbares Beispiel für Allens komödiantisches Timing und für die Abkanzelung Brooklyns: »What has the universe got to do with it? You're here in Brooklyn! Brooklyn is not expanding!« Brooklyn mag das Universum sein, wie Bernard Malamud meinte, aber zumindest für Alvy Singer in den späten 1970ern ist es ein Universum, das nicht expandiert. Im Gegenteil, es ist eine Welt, die beschränkt ist, in der man sich auch notgedrungen in seinem Kiez bewegt, nicht weil man das so will oder daraus seine Identität schöpft (das wird meist erst in der Erinnerung erkannt), sondern weil man nicht anders kann.

Die literarische Dynamik der Beschreibung dieser ›local communities‹ ist natürlich gleichzeitig stark von Nostalgie geprägt, von der Tatsache, dass die Erlebnisse innerhalb der ›authentischen‹ Gemeinschaft in der Kindheit und Jugend gemacht wurden, ihre Dokumentation aber im Erwachsenenalter, mit dem entsprechenden verklärenden Blick zurück. In diesem Sinne war früher nicht alles besser, aber es war zumindest echt, meist intensiv – und am Ende unwiderruflich verloren. Dem entspricht auch, dass in der kindlichen Perspektive die erfahrbare Welt eine scheinbar ahistorische Permanenz hat: Die Dinge sind so, wie sie sind und werden es für immer bleiben. Aber in der Erwachsenenperspektive ist die Flüchtigkeit persönlicher Welten ebenso bewusst wie die größere historische Dimension vom allgemeinen Wandel.

Ein Beispiel für die Ambivalenz dieser Perspektive zwischen Flucht und Nostalgie ist die folgende Passage aus *A Walker in the City*, den 1955 veröffentlichten Memoiren des Literaturkritikers Alfred Kazin. Kazin wuchs als Sohn russisch-jüdischer Einwanderer im Brooklyner Stadtviertel Brownsville in einfachen Verhältnissen auf und schaffte den Sprung über die Ausbildung am City College of New York in die erlesensten Kreise der Manhattener Literaturwelt. In seinen Memoiren beschreibt er einen späteren Besuch in seinem Heimatviertel. Schon beim Verlassen der U-Bahn fallen ihm die gewaltigen Sozialbauten auf, die sich erheben, wo in seiner Kindheit ein jüdischer Slum gewesen war. Und obwohl er zugibt, dass hinter den Gebäuden ein progressiver sozialer Geist steht und er selbst die erste Gelegenheit ergriffen hatte, die armen und bedrückenden Gassen zu verlassen, ereilt ihn doch ein Verlustschmerz:

> I could not quite believe that what I saw before me was real. Brownsville in that model quarter looks like an old crone who has had a plastic operation, and to my amazement I miss her old, sly, and withered face. I miss all those ratty little wooden tenements, born with the smell of damp in them, in which there grew up how many schoolteachers, city accountants, rabbis, cancer specialists, functionaries of the revolution, and strong-arm men for Murder, Inc.

A Tree Grows in Brooklyn bedient sich beider Mythen, ist eine Geschichte bitterster Armut und einer erfolgreichen ›Flucht‹ hinein in den (idealisierten) amerikanischen Traum, die aber auch den nostalgisch gefärbten Blick integriert und die kulturellen Identitäten, aus denen die Figuren hervorgehen. Auch wenn Francie in Brooklyn geboren wurde, ist ihre Geschichte so wie auch die Romane etwa von Bernard Malamud oder Chaim Potok eine Einwanderungsgeschichte, mit allen sich daraus ergebenden Ambivalenzen zwischen ›Verwurzelung‹ und ›Assimilation‹. Sowohl die deutsche Herkunft ihrer Mutter als auch die irische ihres Vaters spielen eine wichtige Rolle, und auch die anderen Einwanderungsgruppen werden vor allem zu Beginn des Romans eindringlich geschildert. Die Zeit der Handlung ist gerade für die Zusammensetzung der Bevölkerung von Williamsburg eine des großen Wandels. Während die Hochzeit der irischen und deutschen Einwanderung bereits seit den 1830ern stattgefunden hatte, führte die Eingemeindung Brooklyns und vor allem die Eröffnung der Williamsburg Bridge 1903 zu einem dramatischen Zustrom von Menschen aus den Slums von Manhattans Lower East Side – neue Immigranten, aber auch Amerikaner der zweiten Generation –, sodass das Viertel in kurzer Zeit an Überbevölkerung litt. Zwischen 1900 und 1920 verdoppelte sich die Einwohnerzahl von Williamsburg. Die Szenen in Francies erster Schule, in der sie sich Bücher und Pult mit mehreren anderen Kindern teilen muss, zeugen davon, dass Williamsburg im Jahr 1917 die am dichtesten besiedelte Gegend von New York City war.

Bernard Malamud: *The Assistant*

Der ›Community‹-Mythos ließe sich an einer großen Anzahl von Romanen und Memoiren nachzeichnen, die die unterschiedlichen Kontexte beleuchten und den unterschiedlichen urbanen Gemeinschaften literarische Denkmale setzen (wenn auch nicht immer schmeichelhafte). Literarisch am produktivsten ist dabei aber sicher die Evokation des jüdisch-amerikanischen Lebens, vor allem bezogen auf den Stadtteil Williamsburg um die Mitte des 20. Jahrhunderts.

Aus diesem Grund werden hier im Folgenden zwei jüdisch-amerikanische Schriftsteller mit ihren Romanen genauer betrachtet: Bernard Malamud und Chaim Potok.

Auch wenn seine Bekanntheit in letzter Zeit etwas nachgelassen hat (gerade im Vergleich zu dem Zeitgenossen, mit dem er am häufigsten in einem Atemzug genannt wurde, Philip Roth), zählt Malamud doch unbestritten zu den wichtigsten amerikanischen Autoren in der zweiten Hälfte des 20. Jahrhunderts. Seine Kurzgeschichten, allen voran »The Magic Barrel«, werden bis heute regelmäßig anthologisiert und erfreuen sich bei Lesenden und Lehrenden gleichermaßen großer Beliebtheit. Seine Romane sind zentrale Dokumente des jüdischen Lebens in Amerika – aber noch viel mehr als das.

Bernard Malamud wurde 1914 in Brooklyn geboren, als Sohn von Bertha und Max Malamud, russisch-jüdische Einwanderer, die eine Reihe von Gemischtwarenläden in den Stadtvierteln Williamsburg, Burough Park und Flatbush betrieben. Zuletzt eröffneten sie 1924 einen Delikatessen-Laden in der 1111 McDonald Avenue, am westlichen Ende von Flatbush, einer Gegend, die in einer Erhebung der Zeit als »sehr arm« beschrieben wurde.

Malamuds Vater Max, der 1905 oder 1906 vor antijüdischen Pogromen in Russland geflohen war, verfügte nur über sehr wenig Bildung (wie man etwa aus den Briefen an seinen Sohn erkennen kann), aber er war ein ›ehrlicher und guter‹ Mensch – Eigenschaften, die ihn in seiner neuen Wahlheimat nicht unbedingt rasch nach vorne brachten. Keiner seiner Versuche, sich als Einzelhändler zu etablieren, war von großem Erfolg gekrönt, was aber nicht an einem mangelnden Arbeitsethos gelegen hätte. »He used to get up at six a.m. and work seven days a week, until about ten or eleven p.m., apparently the kind of life he was used to and the only kind he would respect«, schrieb Malamud später über ihn. Die Familie litt keinen Hunger, doch finanzielle Sorgen waren ständige Begleiter ihres Lebens. Die in den 1930er Jahren einsetzende Weltwirtschaftskrise machte aus einer schwierigen Situation eine potenziell katastrophale. Malamud, ein Teenager und junger Erwachsener in dieser Zeit, lebte noch zu Hause, in einer beengten Wohnung direkt über dem Laden, in dem er ebenso aushalf wie alle anderen Familienmitglieder. Zeit blieb weder für die Familie noch für Freizeitbeschäftigungen wie Kunst, Musik oder Literatur. Bücher oder Platten gab es nicht im Haushalt der Malamuds. Sonntags unterhielt sich der junge Bernard damit, dem Klavier von nebenan zu lauschen. Eine winzige Welt (Malamud spricht von einem »closed-in canyon«), aus der ein Entkommen kaum möglich schien.

Doch so ungebildet Max Malamud selbst gewesen sein mag, wie viele andere Immigranteneltern (darunter auch fiktionale wie Francie Nolans Mutter) verstand er nur zu gut, dass Bildung zumindest für die nächste Generation die Chance auf ein besseres Leben darstellte. Während der neunjährige Bernard sich von einer Lungenentzündung erholte, schenkte ihm sein Vater ein mehrbändiges Nachschlagewerk. Der Wissensdurst des intelligenten Jungen tat das Übrige. Es gelang ihm, auf eine gute High School zu kommen (seine Eltern hatten wahrscheinlich einen ähnlichen Adressen-Trick angewandt wie Francies) und von dort an das City College of New York.

Wie so viele andere erfolgreiche Immigrationsgeschichten ist auch die von Malamud und seiner Familie nicht zuletzt eine des zurückgelegten Weges – geografisch, sozial und auch intellektuell. Malamud gelang der Aufstieg in das Zentrum des amerikanischen Literaturestablishments. Einerseits war das nur ein Katzensprung von Brooklyn über den East River, hinter dem aber andererseits der viel größere Sprung aus der ›alten‹ in die ›neue‹ Welt stand, vor allem aber der zwischen einander entgegengesetzten Lebenswelten.

Wie sollte das Leben seines Vaters, auf ewig eingesperrt in seinem kleinen Laden, der für ihn Leben und Tod gleichzeitig bedeutete, für die intellektuelle Elite des Landes nachvollziehbar sein, die sich zu einem Cocktail oder einer Preisverleihung an der Upper East Side traf?

Der ›entkommene‹ Bernard konnte kaum anders, als seinen Vater auch durch diese Linse wahrzunehmen. In einem Interview von 1974 berichtet er davon, wie er, bei der Rückkehr vom College, seinen Vater durch die Scheibe des Ladens beobachtete und ihn buchstäblich mit den Augen seiner Kommilitonen sah: ein Versager, der sein Leben verschwendete. Gleichzeitig war ihm nur zu schmerzhaft bewusst, wofür Max Malamud sein eigenes Leben geopfert hatte: seinem Sohn das Leben zu ermöglichen, in das aufzubrechen er sich gerade anschickte.

Im Zentrum des Romans *The Assistent* stehen die beiden Figuren Morris Bober und Frank Alpine. Bober, der dem Vorbild von Malamuds Vater nachgebildet ist, ist ein alternder amerikanischer Jude, der in Brooklyn einen schlecht laufenden Gemischtwarenladen betreibt. Er opfert dem Laden sein ganzes Leben, hat aber gleichzeitig nicht die Kraft oder den Willen, mit der Zeit zu gehen, sein Geschäft oder Angebot zu modernisieren. Ein konkurrierender Laden im gleichen Häuserblock gräbt ihm daher die Kundschaft ab.

Eines Abends wird Morris von zwei jungen Männern überfallen. Ungläubig über die magere Ausbeute ihres Raubzugs, schlägt einer der Männer den Krämer nieder, der andere gibt ihm einen Schluck Wasser. Dieser Mann ist Frank Alpine, dessen unstetes und wurzelloses Leben ihn nach Brooklyn und in die Bekanntschaft des Kleinkriminellen Ward Minogue gebracht hat. Von seinem schlechten Gewissen geplagt, insinuiert er sich unerkannt in das Leben von Morris und seiner Familie. Gegen den Willen der Ehefrau wird er zum titelgebenden Assistenten, einem zunächst unbezahlten Gehilfen und Untermieter im Keller. Die moralische Ambivalenz der Situation wird bald noch komplizierterter, als Frank beginnt, kleinere Geldbeträge aus der Kasse zu stehlen und sich zudem in Morris' Tochter Helen verliebt.

Helen träumt davon, sich der familiären und sozialen Enge durch Bildung zu entziehen, verschiebt dies aber indefinit, da sie der Familie durch ihren Job als Sekretärin finanziell helfen muss. Die Söhne der beiden anderen jüdischen Geschäftsmänner der unmittelbaren Nachbarschaft haben ihr den Hof gemacht. Dies ist für Helen, die auf die echte Liebe hofft, jedoch keine Option. Sehr zögerlich wendet sie sich Frank zu. Die beiden beginnen, sich heimlich draußen zu treffen. Gerade als sie sich ihrer Liebe zu Frank bewusst wird, erwischt ihn Morris dabei, wie er Geld aus der Kasse entnimmt. Trotz Franks Beteuerungen seiner Unschuld wirft er ihn umgehend raus. Frank verspätet sich zu seinem Rendezvous und die einsame Helen wird im nächtlichen Park überfallen. Frank kann sie gerade noch vor einer Vergewaltigung retten. Als Helen ihm daraufhin ihre Liebe gesteht, bringt ihn die Verzweiflung darüber, durch sein eigenes Handeln sein Glück zerstört zu haben, dazu, sich selbst an ihr zu vergehen.

Als Morris nach einem möglichen Selbstmordversuch ins Krankenhaus kommt, erscheint Frank wieder, um gegen den Protest der Familie den Laden offen zu halten. Er sucht nach Vergebung bei Helen und auch bei Morris, doch dieser setzt ihn erneut vor die Tür. Die Geschäfte verschlechtern sich allerdings weiter, und nachdem der zusehends verzweifelte Morris zunächst das Angebot eines Brandstifters und Versicherungsbetrügers abgelehnt hat, versucht er schließlich selbst, seinen Laden anzuzünden. Er bringt sich dabei allerdings nur selbst in Gefahr und wird von Frank gerettet. Erneut schickt Morris ihn weg.

Als es kurz so aussieht, als könne sich das Blatt für die Familie Bober zum Besseren wenden, schaufelt Morris eines Morgens mit neuem Elan (aber gesundheitlich geschwächt) im Morgengrauen Schnee vor seinem Laden. Er erkrankt und stirbt drei Tage später an Lungenentzündung. Wieder kehrt Frank zurück und hält den Laden am Laufen, während Helen und ihre Mutter trauern. Er nimmt einen zweiten Job neben seiner Arbeit im Laden an, um seine Miete bei den Bobers bezahlen zu können und beginnt nun auch seine Gesundheit aufs Spiel zu setzen. Schließlich bietet er Helen an, ihr die Universität zu bezahlen, und diese modifiziert im Nachhinein ihr Verständnis dessen, was im Park vorgefallen ist. Eine Vergebung scheint zumindest möglich. Das Buch endet damit, dass Frank zum Judentum konvertiert.

Malamuds Roman, sein Werk insgesamt ist eine faszinierende Mischung aus dem Spezifischen, scheinbar Eingeschränkten und dem Allgemeinen. Er dreht sich in engstmöglichen Kreisen um ein paar vorwiegend jüdische Charaktere und beschreibt mit klaustrophobischer Detailgenauigkeit einen Häuserblock in Brooklyn, der sich in unserer Wahrnehmung über weite Strecken noch weiter reduziert auf die armseligen Räume von Morris Bobers Gemischtwarenladen.

Diese nach außen armselige Lebenswelt ist mit naturalistisch feinem Pinsel gezeichnet, hat ihren Ursprung in der realen Erfahrung des Autors und setzt ihr ein literarisches Denkmal. Gleichzeitig ist der Roman keineswegs nur eine Sozialstudie, sondern eine tief philosophische Erkundung menschlicher Grundfragen. Insofern ist es, wie oft bei solchen Labels, falsch und richtig zugleich, Malamud als primär jüdisch-amerikanischen Autor wahrzunehmen, ein limitierender Blick, den er selbst so zu korrigieren versuchte:

> I'm an American, I'm a Jew, and I write for all men. A novelist has to or he's built himself a cage. I write about Jews, when I write about Jews, because they set my imagination going [...] – Sometimes I make characters Jewish because I think I will understand them better as people, not because I am out to prove anything. [...] I was born in America and respond in American life to more than Jewish experience. I wrote for those who read.

Mindestens gleichberechtigt neben dem Naturalismus, mit dem das Milieu beschrieben wird, steht daher der Symbolismus, der sich aus der Anordnung der Figuren ergibt, die fast schon wie eine Versuchsanordnung wirkt oder zumindest wie eine Allegorie des menschlichen Strebens und Scheiterns. Man kann hier zum Beispiel an die kreisförmige Struktur denken, in der Frank am Ende des Romans genau dort ist, wo Morris am Anfang war: Das Gefängnis ist dasselbe, nur der Häftling ist ein neuer.

Auch die jüdische Identität ist sowohl konkret wie auch symbolisch zu verstehen. Morris ist jüdisch, weil Malamud es ist und er seinen konkreten Erfahrungshorizont in seine Literatur einfließen lässt. Aber er ist es auch, weil es als Symbol neben der katholischen Identität Franks steht, der wiederum auf vielfache Weise mit dem heiligen Franz von Assisi in Verbindung gebracht wird, nicht zuletzt durch seinen Namen und seine den Titel gebende Bezeichnung (als Assis-tent). Hinter dieser Gegenüberstellung stehen aber weniger religiöse Überzeugungen als vielmehr Fragen nach Grundsätzen des menschlichen Verhaltens, wie Verzicht, Gutherzigkeit, oder Leiden. Morris Bober und seine Familie sind schließlich hochgradig säkular, jüdische Gebote werden von ihnen weitgehend ignoriert, es findet praktisch keine religiöse Praxis statt.

Jüdischsein wird bei Malamud daher zu einer Metapher für Menschsein an und für sich: »I handle the Jew as a symbol of the tragic experience of man existentially. I try to see the Jew as universal man. Every man is a Jew though he may not know it.« Dies wird exemplarisch gezeigt in der Konversion von Frank Alpine. Institutionelle Distanzen spielen hier nur eine untergeordnete Rolle. Frank mag ein Katholik sein und den ganzen Roman über mit dem heiligen Franz von Assisi in Verbindung gebracht werden, aber es sind seine Lebenserfahrungen und die Perspektive, die er, ungewollt angeleitet von Morris, auf sein eigenes Leiden und das anderer Menschen entwickelt, die ihn in einer übergeordneten Sicht zu einem Juden machen.

Es wird gezeigt, dass Frank ›jüdische‹ Werte von Morris übernommen hat. Nach Morris' Tod ersetzt Frank ihn sowohl im Geschäft als auch im Hinblick darauf, dass er ein ethischer Mensch geworden ist. Malamud ist für diese extrem weit gefasste Definition von ›Jude‹, die sich letztendlich mit dem von jeder religiösen Spezifik gelösten kategorischen Imperativ Immanuel Kants deckt, wiederholt kritisiert worden, denn in ihrer Allgemeinheit gerät sie in Gefahr, bedeutungslos zu werden.

Vor Ort Brooklyn Bookstore Crawl

Einer der angenehmsten Effekte der literarisch-künstlerisch fundierten Gentrifizierung Brooklyns ist die für Amerika außerordentlich hohe Dichte von unabhängigen Buchläden, die mit individueller Führung, unterschiedlicher Spezialisierung und vielen Aktivitäten rund um Bücher und Autor:innen zum weiterhin sehr aktiven literarischen Leben des Bezirks beitragen. Es sind viel zu viele, um hier alle einzeln aufgeführt zu werden, aber wer seinen Besuch auf die letzten Wochen im April legt, der kann an einer recht einzigartigen Aktion teilnehmen: Jedes Jahr am letzten Samstag im April organisiert die American Booksellers Association im gesamten Land den Independent Bookstore Day, und in der Woche, die auf diesen Samstag hinführt, findet in Brooklyn der Brooklyn Bookstore Crawl statt, eine Art organisierte Buchladen-Schnitzeljagd, bei der man sich spezielle Rabatte erjagen und besondere Veranstaltungen erleben kann. Und eine Party gibt es natürlich auch.

Chaim Potok: *The Chosen*

Ganz im Gegensatz dazu erkundet Chaim Potok in seinem Roman *The Chosen* von 1967 jüdische Identität ausgehend von der Vorstellung konkreter religiöser Praxis, einem auf das Religiöse fokussierten Handelns. Dazu gehört vor allem die Einhaltung spezifischer Gebote und Regeln sowie die intensive Beschäftigung mit den Texten, die diese Regeln und Gebote formulieren und interpretieren. Erst dann kommen die ihnen zugrunde liegenden Werte zum Vorschein. In der Tat droht die religiöse Praxis immer wieder Letztere zu überdecken. In der fein ziselierten Abgrenzung der verschiedenen – aber eng beieinander liegenden – jüdischen Strömungen, die durch die beiden zentralen Figuren Reuven Malter und Danny Saunders vertreten werden, scheint sich die Frage nach jüdischer Identität zunächst an Äußerlichkeiten wie Kleidungs- oder Haarvorschriften zu orientieren.

Reuven, der Erzähler, kommt aus einem orthodox-religiösen Kontext. Sein Vater ist Lehrer an einer religiösen Schule und studiert täglich mit seinem Sohn den Talmud. Der Sohn möchte später einmal Rabbi werden. Innerhalb der orthodoxen Strömungen im Judentum gehört er zu einer moderneren. Ganz im Gegensatz zu Danny, dessen Vater Reb Saunders der Zaddik (geistige Führer) einer Gemeinde von ultra-orthodoxen Chassidim ist, die in fast gänzlicher Ablehnung des Weltlichen leben. Reuven lernt Danny am Anfang des Romans bei einem Baseballspiel kennen, wo ihn ein Ball Dannys im Gesicht trifft, sodass sich ein Splitter seiner Brille in sein Auge bohrt. Danny besucht ihn im Krankenhaus. Aus dem anfänglichen Hass wird schnell (auch durch den Rat von Reuvens Vater) eine tiefe Freundschaft. Reuven lernt die Welt Dannys kennen, in der dieser als der designierte Nachfolger seines Vaters verehrt wird, aber auch dessen Vater selbst.

Mehrere persönliche Krisen ereignen sich, darüber hinaus spielt der Roman vor dem Hintergrund des Endes des Zweiten Weltkrieges, den sich abzeichnenden Enthüllungen über den Holocaust und einer tief gespaltenen Haltung gegenüber dem Zionismus. Aber der Schwerpunkt der Geschichte liegt auf Dannys

Beziehung zu seinem Vater, dem Rabbiner und hochverehrten Oberhaupt einer örtlichen chassidischen Gemeinde. Der Tradition gemäß soll Danny eines Tages diese Position von seinem Vater übernehmen, worauf er bereits sein ganzes Leben vorbereitet wurde. Dazu gehört auch, dass sein Vater nicht mit ihm spricht, außer wenn sie am Schabbat über den Talmud diskutieren. Dieses Schweigen zieht sich als ein Enigma durch den ganzen Roman. Obwohl Danny es akzeptiert, bleibt es für Reuven unbegreiflich, auch nachdem Reb Saunders es ihm gegen Ende des Romans zu erklären versucht.

Potok schöpft in der Beschreibung der so nah beieinander liegenden und doch so entfernten Lebenswelten von Danny und Reuven aus seiner eigenen Erfahrung. Herman Harold Potok wurde am 17. Februar 1929 in New York im Stadtteil Bronx geboren. Sein hebräischer Name, unter dem er auch veröffentlichte, ist ›Chaim‹, was so viel bedeutet wie ›Leben‹. Seine beiden Eltern waren viele Jahre vor seiner Geburt aus Polen nach Amerika emigriert. Sein Vater, Benjamin Max Potok, hatte im Ersten Weltkrieg zusammen mit seinen Landsleuten gegen die Russen gekämpft, erlebte nach seiner Rückkehr nach Polen allerdings anti-jüdische Pogrome und entschloss sich zur Auswanderung. In Amerika lernte er die ultra-orthodoxe Mollie Friedman kennen und heiratete sie. Auch Benjamin war streng orthodox und betrachtete sich selbst, auch wenn er nicht die äußeren Anzeichen wie Schläfenlocken und Bart zur Schau stellte, als Chassiden. Chaim Potok wuchs folglich in einem stark religiös geprägten Kontext auf, der sicher mit dem seiner Romanfigur Danny Saunders vergleichbar ist. Er selbst wurde wie sein Bruder als Rabbi ordiniert, und seine beiden Schwestern heirateten Rabbis.

Potok ist zwar in der Bronx aufgewachsen, doch für die meisten seiner Romane, wie sehr auch immer sie von seinem eigenen Leben beeinflusst waren, wählte er explizit Brooklyn als Handlungsort. Was sicherlich vor allem daran lag, dass Brooklyn das Zentrum des orthodox-jüdischen Lebens in Amerika war und ist. Hier fügt sich das Aufeinandertreffen der unterschiedlichen – und unterschiedlich gelebten – Vorstellungen von jüdischem Leben und jüdischer Identität nahtlos in den Lokalkolorit des Viertels ein, wirken Debatten über die angemessensten Methoden zur Interpretation des Talmuds nicht fremd. Und doch ist der Roman weit mehr als eine fiktionalisierte Lektion in Theologie oder auch eine ethnologische Studie.

Dannys Wissensdurst drängt unaufhaltsam aus den religiös motivierten Einschränkungen seiner Geisteswelt hervor, hinter den Debatten zu Kleidervorschriften oder Talmudauslegungen kommen ganz andere, tiefer liegende Themen zum Vorschein, Themen wie Freundschaft, Selbstfindung, die schwierige Vater-Sohn-Beziehung und der Umgang mit dem Druck gesellschaftlicher Erwartungen. Der Roman bietet daher einerseits einen faszinierenden Einblick in eine für viele unbekannte soziale und kulturelle Welt, die der ultra-orthodoxen Chassidim, die sich vor und nach dem Weltkrieg in Brooklyn angesiedelt haben. Gleichzeitig aber zeichnet er Figuren, mit deren innerem Ringen man sich leicht identifizieren kann, gerade weil sie einem in so vielerlei Hinsicht fremd sind (kaum jemand wird sich etwa in den fast schon übermenschlichen intellektuellen Fähigkeiten Dannys wiedererkennen). Dafür spricht auch sein großer Erfolg, der nicht zuletzt den Autor selbst überraschte. Nicht nur wurde er sogleich für den National Book Award nominiert und gewann den Edward Lewis Wallant Prize for Jewish Fiction, er blieb auch ganze 38 Wochen auf der Bestsellerliste der *New York Times*, davon eine kurze Zeit sogar auf Platz 1. Ein Ergebnis, mit dem Potok nicht gerechnet hatte: »I wondered how many Jews would be interested in that tight little world, let alone those who are not Jews, people who haven't the remotest notion of what that world is all about.«

Doch neben dem Identifikationspotenzial der beiden jungen Hauptfiguren verbindet Potok seine Erzählwelt noch auf eine weitere Art mit der seiner Leserschaft. Politisch-geschichtliche Ereignisse wie der Zweite Weltkrieg, der Tod von Präsident Franklin D. Roosevelt und die Gründung des Staates Israel werden von allen Figuren intensiv wahrgenommen und prägen ihr Leben. In Bernard Malamuds *The Assistant* wird der Holocaust selbst nicht erwähnt, aber er grundiert und prägt unausgesprochen die tragische Weltsicht der Figuren. In Potoks Roman nimmt der Holocaust dagegen eine ganz zentrale Rolle ein, denn obwohl er für alle

Figuren weit entfernt auf einem anderen Kontinent stattfindet und zur Zeit der Handlung das wahre Ausmaß der Vernichtung erst schrittweise aufgedeckt wird, wird er für alle zu einem bestimmenden Faktor der eigenen Identitätsbestimmung.

Was den beiden Romanen als Erkundungen jüdischer Identität gemeinsam ist, ist der amerikanische Kontext – denn diese finden eben weder in der ›alten Welt‹, dem Europa einer jahrhundertealten Geschichte von jüdischer Kultur, verbunden mit Unterdrückung und versuchter Vernichtung, noch im ›gelobten Land‹ Palästina / Israel statt.

Jüdisches Leben wie das der Figuren Malamuds und Potoks wird ermöglicht durch den amerikanischen Freiheits- und Gleichheitsgedanken, in dem das Streben nach individuellem Glück enthalten ist, es findet aber gleichzeitig zumindest in Teilen auch in Opposition zum amerikanischen Selbstverständnis statt. Beruflicher und finanzieller Erfolg, das zeigt sich immer wieder auf deprimierende Weise, lassen sich kaum mit den humanistischen Werten von Morris Bober vereinbaren. Weder seine Ehrlichkeit noch seine Integrität bringen ihn in diesem Amerika weiter, er verharrt buchstäblich an dem Platz, der ihm scheinbar vom Schicksal zugewiesen wurde.

Orte: February House

»All genuine poetry is in a sense the formation of private spheres out of a public chaos.« — W. H. Auden

Eine der mythischen Adressen auf der literarischen Landkarte von Brooklyn ist schon deswegen so passend, weil sie gar nicht mehr existiert. Wer heute die 7 Middagh Street im Bezirk Brooklyn Heights sucht, der wird an einer tristen und nichtssagenden Unterführung stehen, über die eine mehrspurige Zubringerstraße rauscht, ein schmaler Fußweg, ein wenig Graffiti, nichts Besonderes. Nichts deutet darauf hin, dass hier einmal ein Haus stand, und schon gar nicht, dass es für einen kurzen Zeitraum eine der faszinierendsten Künstlerwohngemeinschaften Amerikas beherbergte.

Es war gegen Ende des Jahres 1940, als der Lektor George Davis, der als Redakteur für Belletristik bei der Zeitschrift *Harper's Bazaar* eine der einflussreichsten Figuren des Literaturbetriebs war, das Haus in der Middagh Street anmietete. Das Haus hatte eine gute Lage und bot aus den nach hinten gelegenen Fenstern einen Blick auf den Hafen und auf die Brooklyn Bridge.

Davis' revolutionäre Leistung in seiner Eigenschaft als Redakteur hatte darin bestanden, ernsthafte und auch experimentelle Literatur prominent in einem Hochglanzmagazin zu platzieren, dessen Themen eigentlich Mode und Lebensart waren. Darüber hinaus war er aber auch ein großer Vernetzer und Förderer, etwa der Schriftsteller Truman Capote und Ray Bradbury. Capote bedankte sich bei ihm auf eher unfreundliche Weise, indem er ihn in seinem zu Lebzeiten unveröffentlichten Roman *Answered Prayers* in der Gestalt des Boaty karikierte.

Davis war bekannt dafür, dass ihn das Exzentrische anzog, das galt in der Kultur, in der Unterhaltung, wie in der Wahl seiner Freunde. Und so verwundert es kaum, dass sein Plan, im noch immer eher berüchtigten, aber eben auch aufregenden Brooklyn eine Künstlerkommune zu gründen, von einer beeindruckenden Schar an Schriftsteller:innen, Komponisten, Künstler:innen und Performerinnen angenommen wurde. Zu den festen Bewohnern gehörten der Dichter W.H. Auden, die Autorin Carson McCullers, der Komponist Benjamin Britten, das Autorenehepaar Paul und Jane Bowles sowie die Schauspielerin Gypsy Rose Lee. Zu den regulären Hausgästen gehörten der Maler Salvador Dalí und seine Frau und Muse Gala, die berühmte Tagebuchautorin Anaïs Nin, Klaus Mann, der Autor Richard Wright und der Maler und Kostümdesigner Pavel Pchelitchew, aber auch Kurt Weill und seine Ehefrau, die Sängerin Lotte Lenya. Nach Weills Tod im Jahr 1950 heiratete sie George Davis.

All dies trug dazu bei, dass bereits im Winter 1940 die Adresse 7 Middagh, die von Anaïs Nin aufgrund der vielen im Februar geborenen Bewohner:innen ›February House‹ getauft wurde, weithin als der größte künstlerische Salon seiner Zeit bekannt wurde. Der Schweizer Philosoph Denis de Rougemont, einer der Vordenker der europäischen Einigung, schrieb zu dieser Zeit: »all that was new in America in music, painting, or choreography emanated from that house, the only center of thought and art that I found in any large city in the country.«

Selbst wenn ausschweifende Feiern mit viel Alkohol und anderen Substanzen die Nächte bestimmten, war die Atmosphäre im Haus sicher nicht unbeschwert, auch über die persönlichen Dramen hinaus. Auf der anderen Seite des Atlantiks tobte der Zweite Weltkrieg, gerade die aus Deutschland geflohenen Exilanten wussten nur zu gut, was dort vor sich ging. Klaus Mann saß im Speisezimmer und sammelte und lektorierte Essays, Kurzgeschichten, Gedichte und Rezensionen für seine Zeitschrift *Decision*, eine als »review of free culture« betitelte Monatsschrift. Ein Stockwerk höher saßen die Briten Benjamin Britten und W.H. Auden an ihrer ›amerikanischen‹ Oper *Paul Bunyan*, in der sie in ambivalenter Weise ihre neue Wahlheimat reflektierten. Im dritten Stock quälte sich Carson McCullers am Einstieg zu ihrem Roman *The Members of the Wedding* ab, im Raum neben ihr coachte George Davis Gypsy bei der Erstellung ihres Debüts.

Wie so oft in der Geschichte Brooklyns kamen die Bewohner aufgrund einer Mischung aus finanziellen Nöten, kulturellem Pioniergeist, Abenteuerlust – zuletzt schlicht, weil schon alle anderen da waren. Carson McCullers war eine der Ersten, die sich auf das

Wohnexperiment einließ, eine gute Gelegenheit, ihren verbitterten Ehemann Reeves McCullers hinter sich zu lassen. Die beiden hatten 1937 geheiratet, als Carson 20 Jahre alt war, und einen Pakt geschlossen, nachdem sie sich in Brotjobs abwechseln würden, um dann alternierend ihren literarischen Ambitionen nachgehen zu können. Reeves übernahm die erste ›Schicht‹, doch Carsons großer Erfolg mit ihrem ersten Roman *The Heart is a Lonely Hunter* (1940) begrub seine eigenen literarischen Ambitionen. 1941 reichten sie die Scheidung ein.

W. H. Auden war der Nächste; zwar war er bereits ein etablierter Dichter, aufgrund des Krieges und dem dadurch bedingten Ausfuhrverbot für britische Devisen war er jedoch von seinen normalen Einkommensquellen zumindest vorübergehend weitgehend abgeschnitten. Auch fühlte er sich in seiner bisherigen Wohnung in New York eingeschränkt durch die äußerste Diskretion, wenn nicht gar Geheimhaltung, die er in seinen Liebesbeziehungen zu anderen Männern an den Tag legen musste. Hier versprach die vom schwulen George Davis gegründete Kommune wie auch der abseits vom Zentrum gelegene Ort in Brooklyn wesentlich mehr Freiraum. Gypsy Rose Lee wiederum war zwar bereits sehr erfolgreich in ihrer Tätigkeit als Schauspielerin und Darstellerin in Burlesque-Shows, suchte aber ganz konkrete Hilfe beim Verfassen ihres ersten Romans. Benjamin Britten kam in der Hoffnung, seine enge Kollaboration mit Auden fortsetzen zu können. Auch er war von der Möglichkeit angezogen, offener mit seinem Lebenspartner Peter Pears zusammen zu leben, den er drei Jahre zuvor in England kennengelernt hatte und mit dem er zusammen nach Nordamerika gekommen war.

Einigen stand ihre eigentliche künstlerische Karriere auch noch bevor, beispielsweise Oliver Smith, der im February House als mittelloser und unbekannter Zwanzigjähriger erst einmal die Teller wusch und sich als »Familienküken« in der Rolle des friedensstiftenden Vermittlers hervortat. In späteren Jahren wurde er dann einer der bedeutendsten Bühnenbildner und Produzenten Amerikas. Er gewann insgesamt zehn der begehrten Tony Awards, für Musical- und Filmklassiker wie *My Fair Lady*, *Hello, Dolly!*, *Oklahoma!*, *The Sound of Music* und *West Side Story*. Das Design für letztere Produktion, die ja wie der Titel schon sagt an der Upper West Side spielt, enthielt Smith zufolge allerdings »more Brooklyn than Manhattan – but don't tell anyone«. Etwa 15 Jahre nach dem Ende des February House wurde Smith zum Vermieter von Truman Capote, ebenfalls in Brooklyn Heights.

Auden übernahm die Funktion des Familienoberhauptes oder auch des Zeremonienmeisters. Er dirigierte nach Kräften die vielseitige und eigensinnige Gemeinschaft. Zwar sorgte er – schon aufgrund seiner eigenen Schlampigkeit – weniger für Ordnung und Sauberkeit in den Räumlichkeiten, aber er trieb die Miete bei den Bewohnern ein und verteilte romantische Ratschläge, ordnete im Zweifelsfall strikte Hüttenruhe an und wachte über die Arbeitsatmosphäre, die tagsüber herrschte. Nebenbei arbeitete er weiter an seiner Karriere als einer der wichtigsten Dichter des 20. Jahrhunderts.

Das organisatorische und emotionale Chaos wurde durchaus balanciert durch einen Fokus auf Arbeit und Produktivität. Die Tage waren der Kreativität gewidmet, der täglichen Tätigkeit des Schreibens, Komponierens, Malens und Redigierens sowie dem übergeordneten Projekt, neue Visionen und künstlerische Ausdrucksformen zu finden für eine Welt, die gerade in Flammen aufzugehen schien. Benjamin Britten fasste, kurz nach seinem Auszug, die Erfahrung, im February House zu leben, in einer Art zusammen, die gleichzeitig auch ganz allgemein auf das Verhältnis von Künstlern und Literaten Brooklyns in der zweiten Hälfte des 20. Jahrhunderts zutrifft: »Living is quite pleasant here, when it is not too exciting.«

Im Ergebnis erwies sich das February House als überaus produktiv und wurde eine Keimzelle vieler künstlerischer Werke. McCullers begann die Arbeit an ihrem Kurzroman *The Ballad of the Sad Café* (1951), Jane Bowles begann *Two Serious Women* (1943), Auden veröffentlichte die Gedichtsammlung *The Double Man* (1941) und Lees Krimi *The G-String Murders* (1941) wurde zu einem überraschenden Bestseller.

Die im Haus versammelte Kreativität, die künstlerischen Fähigkeiten und intellektuellen Kapazitäten sind sehr beeindruckend. Doch um zum Mythos zu werden, braucht es natürlich auch das

Menschliche und Zwischenmenschliche, ohne das es keine Geschichten zu erzählen gäbe, doch davon gab es zum Glück mehr als genug. Man kann die Bedeutung des Hauses anhand eines gut gefüllten Regals von Büchern zu begreifen versuchen, die in ihm entstanden oder die hier ihren Ausgangspunkt haben, man kann das Gemeinschaftsleben dort aber durchaus auch als Seifenoper auffassen. W. H. Auden brachte einen jungen Mann mit, den 19-jährigen späteren Dichter Chester Kallman, mit dem er sich verheiratet fühlte, eine Vorstellung, die nicht immer auf Gegenseitigkeit beruhte. Beide sollten sich allerdings freundschaftlich verbunden bleiben, so schrieben sie 1951 gemeinsam das Libretto zu Igor Strawinskis Oper *The Rake's Progress*. Tatsächlich verheiratet war Auden aber mit Erika Mann, was jedoch wiederum nur eine Scheinehe war, deren Zweck der britische Pass für Erika gewesen war. Das Ehepaar Bowles dagegen unterhielt eine platonische Beziehung, die offen für bisexuelle Affären war.

Es war wohl klar, dass diese außergewöhnliche Konstellation keinen Bestand haben konnte. Das Haus war ein einmaliger Kreuzungspunkt vieler Wege, die sich danach in unterschiedliche Richtungen wegbewegten. Spannungen zeigten sich innerhalb der Wohngemeinschaft. Benjamin Britten und Paul Bowles kamen nicht miteinander aus. Gypsy Lee fühlte sich zunehmend durch den konstanten Alkoholkonsum gestört, der McCullers Gesundheit nachhaltig zerstörte. Der Eintritt der Vereinigten Staaten in den Zweiten Weltkrieg nach dem Angriff auf Pearl Harbor im Dezember 1941 beschleunigte dann die Zerfallstendenzen, einige der Bewohner gingen selbst zur Armee, andere beteiligten sich publizistisch. Einer nach dem anderen verließ das Haus, bis nur noch Davis übrig geblieben war. 1945 wurde das Haus schließlich komplett abgerissen, da es dem Brooklyn-Queens-Expressway weichen musste.

Das beinahe restlose Verschwinden von February House ist ebenso charakteristisch für das literarische Brooklyn wie seine Existenz. Während im geschichtsbesessenen England oder auch Deutschland jedes Haus, in dem Goethe oder Charles Dickens mal aus dem Fenster geschaut haben, liebevoll restauriert und mindestens mit einer Plakette an der Mauer geehrt wird, bleibt hier nur die Abwesenheit, um die Dynamik der Stadtentwicklung in ihrer Geschichtsvergessenheit zu symbolisieren. Aber Brooklyn wäre auch nicht Brooklyn, wenn dies schon das Ende der Geschichte wäre, denn in der hartnäckigen, oft von Hassliebe geprägten Lokalverbundenheit schlummert auch ein kollektives Erinnerungsvermögen, das jederzeit zu neuem Feuer entfacht werden kann. Und so kam es, dass die New Yorker Autorin Sherill Tippins bei Gesprächen mit älteren Bewohnern von Brooklyn auf immer mehr Anekdoten um George Davis und seine außergewöhnliche Menagerie stieß, bis sie sich zuerst entschied, einen historischen Roman über die Angelegenheit zu schreiben und schließlich ein Sachbuch, das 2005 erschien. 2012 kam dann ein auf diesem Buch basierendes Musical von Gabriel Kahane und Seth Bockley ans Public Theater in Manhattan.

Mythos: Gentrifizierung

»It happened every single day in Brooklyn: awaken to fresh glory, fall asleep to blight and ruin.« — Kate Christensen

»We live in weird times and they are in Brooklyn.« — Harper Lee

Im Jahr 1959 veröffentlichte Truman Capote einen Essay in der Zeitschrift *Holiday* mit dem Titel »Brooklyn Heights: A Personal Memoir«, den er mit folgenden Worten begann: »I live in Brooklyn. By choice.« Das war zu diesem Zeitpunkt etwas hochgradig Ungewöhnliches, zumal von jemandem wie Capote, der nicht nur ein sehr erfolgreicher Schriftsteller war, sondern auch ein Star der New Yorker Literaturszene, ein stilbildender Trendsetter. In diesem Fall war er seiner Zeit voraus, denn er war einer der Ersten, die das Aufkommen des ›Brooklyn Cool‹ voraussagten, beziehungsweise selbst dafür den Anstoß gaben. Capote wohnte zwischen 1955 und 1965 in einer Wohnung in 70 Willow Street im Viertel Brooklyn Heights. So wie Dos Passos und Arthur Miller schrieb auch er seine erfolgreichsten Romane hier (auch wenn sie inhaltlich keinen Bezug zu Brooklyn haben), *Breakfast at Tiffany's* (1958) und *In Cold Blood* (1966). Das Haus, in dem er lebte, wurde 1839 gebaut, als Brooklyn gerade einmal 50 000 Einwohner hatte. Als Capote es bezog (eigentlich mietete er nur ein paar Zimmer im Souterrain, aber Gäste führte er gern durch das ganze Haus und ließ keinen Zweifel daran, dass es seins sei), war es eine vergleichsweise günstige Unterkunft. 2012 wurde es für 12 Millionen Dollar verkauft. Doch bis zu dieser Wertentwicklung war es ein sehr langer Weg. Haus für Haus setzte seit den 1960er Jahren ein Prozess der Renovierung und damit verbunden auch ein demografischer Wandel ein, der aus einstigen perspektivlosen ›Problemvierteln‹ wieder zunehmend attraktive Adressen machte. Dieses Phänomen wurde 1964 von der Soziologin Ruth Glass zuerst als »Gentrifizierung« bezeichnet. Glass' spezifisches Beispiel waren Londoner Viertel wie Islington, doch Brooklyn sollte zur gleichen Zeit eines der weltweit dynamischsten Beispiele für Gentrifizierung werden.

Kein anderes soziales Phänomen hat eine solche Auswirkung auf Brooklyn gehabt wie die Gentrifizierung, kein anderer Ort ist so stark damit assoziiert, denn vieles was wir in den letzten Jahren auch in deutschen Stadtvierteln, wie Friedrichshain in Berlin oder Haidhausen in München, beobachten konnten, findet dort bereits seit vielen Jahrzehnten in noch viel extremerer Form statt.

Das für Brooklyn spezifische Paradox ist dabei, dass sich die beiden doch eigentlich entgegengesetzten Mythen ›Niedergang‹ und ›Gentrifizierung‹ zeitlich überschneiden. Es gab Zeiten, in denen gleichzeitig eine Flucht aus dem als hoffnungslos aufgegebenen Brooklyn und ein hoffnungsvolles Streben nach einem möglichen Ort der urbanen Erneuerung stattfand – nicht selten in ein und derselben Straße und manchmal gar in einem einzigen Gebäude. In dem Roman *Solos* von Kitty Burns Florey von 2004 wird der palimpsestartige Charakter von Brooklyns ungleichzeitiger Gentrifizierung anschaulich auf ein einziges Haus fokussiert, in dem die Protagonistin Emily wohnt:

> Emily pays six hundred dollars a month for fourteen hundred square feet on the fifth floor of her building on North Third Street. The slum floor, she calls it; the fifth floor is the South Bronx of 87 North Third, the sixth floor is Central Park West. The lofts on the sixth floor have been renovated into pristine white spaces with sanded floors and new combination windows and air-conditioning units and nice bathrooms.

Nur ein Stockwerk trennt hier das heruntergekommene alte Brooklyn des Niedergangs vom exklusiv aufgehübschten Loft, das dann aber eben auch mehr als die dreifache Miete kostet. Die hippe Protagonistin kann sich nur das ›Slum‹-Stockwerk leisten, aber sie macht auch deutlich, dass sie den pseudo-industriellen Luxus des Lofts aus ästhetischen und ideellen Gründen ablehnt: »She thinks the sixth-floor lofts are banal, boring, pretentious, untrue to the spirit of Brooklyn in general and Williamsburg in particular.« Was sie aber wirklich begehrt, ist das Penthouse ganz oben, ein krude in den 1960er Jahren hinzugefügter Anbau, der ebenfalls nie renoviert wurde und mit seiner Aussicht auf Fluss und Skyline und seiner charmanten Schäbigkeit genau die Kombination aus cool und ›nicht arriviert‹ bietet, die so elusiv ist. Es ist diese Kombination, der Emily so wie die ganze Schicht, für die sie steht, nachstrebt und die sie, wie die Generationen vor ihr, durch ihr Streben austreibt.

Die Dynamik von Niedergang und Aufstieg läuft natürlich im Wesentlichen über die Mobilität der Menschen innerhalb des Stadtgefüges. Das gilt für die Massen der Pendler über die Brücken und U-Bahnen genauso wie für die Trendsetter und Pioniere, deren Bewegungen Signalcharakter haben. Die 1887 geborene Dichterin und Herausgeberin Marianne Moore hatte sich Anfang des 20. Jahrhunderts einen Ruf als bedeutende Vertreterin des literarischen Modernismus erarbeitet und war Mitte des 20. Jahrhunderts die unangefochtene Grande Dame der Literaturszene Brooklyns, nicht zuletzt weil sie eine der wenigen signifikanten literarischen Figuren war, die hier ihren Wohnsitz gewählt und behalten hatten. Doch in den 1960ern begann sie sich zunehmend in ihrer Wohnung nicht mehr sicher zu fühlen, obwohl sie sich ein neues Türschloss und einen Behälter mit Tränengas beschafft hatte. Ihre Nachbarn wurden drei Mal ausgeraubt und auf ihren Eingangsstufen schliefen oft Menschen ihren Alkohol- oder Drogenrausch aus; die Überfälle in der U-Bahn nahmen zu. 1966 verließ sie ihre langjährige Wohnung Richtung Greenwich Village. Die *New York Times* berichtete über den Umzug unter der Überschrift »Brooklyn Loses Marianne Moore« und bezeichnete sie im Text als ›letzte Zierde‹ des Stadtteils. Der Autor L. J. Davis fühlte sich nach eigener Aussage, als ob die Sonne über Brooklyns literarischem Leben für immer untergegangen wäre. Gleichzeitig war es genau der gleiche L. J. Davis, den es zu dieser Zeit in die andere Richtung zog, nach Brooklyn, wo er eben nicht nur Niedergang sah, sondern auch Potenzial witterte. 1965 kaufte er sich ein vollkommen vernachlässigtes – aber eben auch billiges – Haus in der Dean Street, um es zu restaurieren. »Anyone who chose to move to the neighborhood was in some way crazy«, erklärte er später. »I know I was.« Davis gehört zusammen mit einer Reihe anderer Schriftsteller:innen und Künstler:innen zur allerersten Kohorte der Gentrifizierung (lange bevor der Begriff oder das Konzept weithin bekannt war). Er schrieb mit *A Meaningful Life* einen der wichtigsten Romane über dieses Phänomen. Zwei Jahre nach Davis zog die 1923 geborene Autorin Paula Fox ebenfalls in die Dean Street, auch sie schrieb einen der maßgeblichen Romane über das Leben in dem sich wandelnden Viertel, das 1970 veröffentlichte *Desperate Characters*. Ein Jahr später machte eine weitere künstlerisch-kreativ orientierte Familie die Dean Street zu ihrem neuen Zuhause und zum Zentrum ihrer Renovierungsbestrebungen. Richard Brown Lethem war ein experimenteller Maler, seine Frau eine politische Aktivistin, aber sie brachten ihr Baby mit, das in der Welt des sich gentrifizierenden Brooklyn aufwachsen sollte, mit allen Ambivalenzen und Paradoxien, die dies mit sich brachte. Jonathan Lethem, so der Name ihres Sohnes, wurde schließlich zu einem der prominentesten amerikanischen Schriftsteller des 21. Jahrhunderts, und er ist das herausragendste Beispiel einer zweiten Generation von Autor:innen, die den sozialen Wandel des Stadtteils zu Literatur machten.

Diese Pioniere der Gentrifizierung in Brooklyn (und damit im Prinzip weltweit) waren die sogenannten Brownstoners, benannt nach dem braunen Sandstein, der im 19. Jahrhundert in den Steinbrüchen im Norden von New Jersey gewonnen und als Baumaterial verwendet wurde, um die massiven Reihenhäuser zu errichten, deren Aussehen das nostalgische Bild von New York City prägen. Diese Häuser waren im Zuge des gigantischen Baubooms um die Jahrhundertwende entstanden, um den bürgerlichen Pendlern eine zwar städtische, aber durchaus gediegene Heimstatt zu ermöglichen. Mit dem Niedergang des Viertels wurden die mehrstöckigen Häuser immer weiter segmentiert in immer kleinere Wohnungen oder Zimmer in einfachsten Pensionen, um die zahlenmäßig explodierende, aber immer ärmer werdende Schicht aufzufangen. Wo sie den Willen zur Veränderung hatte, bevorzugte es die Stadtverwaltung in der ersten Hälfte des 20. Jahrhunderts, solche als veraltet angesehenen architektonischen Relikte abzureißen und durch große Sozialbauten zu ersetzen. Nur die weitgehende Vernachlässigung weiter Teile Brooklyns ermöglichte unbeabsichtigt die Rettung seines architektonischen Erbes. Die Brownstones verkamen zwar, doch sie blieben stehen, denn ihre massive Bauweise machte sie fast unzerstörbar. Wer willens war, hinter den vordergründigen Dreck, die Schmierereien und stümperhafte Reparaturen zu sehen, konnte die Juwelen entdecken, die nur darauf warteten, durch fleißige Heimwerkertätigkeit aus dem Dornröschenschlaf geweckt zu werden. Die Brownstoner glaubten jedoch, dass es sich um mehr als nur eine Renovierungsmode handelte. Brownstoning war eine kulturelle Revolte gegen Gleichförmigkeit, Konformität und Bürokratie. Dass das langfristige Ergebnis eine grundlegend veränderte urbane Landschaft ist, in der kulturelle Vielfalt und soziale Unterschiede in eine schickhippe obere Mittelstandskultur homogenisiert werden, die sich am Ende nur noch diejenigen Bestverdiener leisten konnten, vor denen man ursprünglich geflohen war, gehört zu den bittereren Ironien. Nelson George schrieb in einem Essay: »I walk past a bodega where the ›clockers‹ used to sell drugs by the pay phones. My friends and I used to joke that the presence of these crack dealers on select corners ›protected‹ us from real-estate speculators and home-hungry Manhattanites.« Die Autorin Monique S. Ferrell wiederum hat mit »Sushi in Brooklyn: A Dedication to Walt Whitman« einen sarkastischen Kommentar geschrieben, der einmal mehr den Bogen zurück zu Brooklyns erstem bedeutenden Barden schlägt:

a foggy ancient black man muttering to passers
they are coming white people are coming
it's almost a scene from a slave narrative
and there is talk of mounted police officers to protect the park
that whitman named and my friend ticks statistics about
her garbage being picked up three days a week
because *they* are coming

Paula Fox: *Desperate Characters*

Der Roman *Desperate Characters* (1970) von Paula Fox taucht hier im Kontext des Gentrifizierungs-Mythos auf, gleichzeitig steht er aber auch für einen Tiefpunkt des Niedergangs. Dies ist die Dynamik Brooklyns, dass beides so untrennbar Hand in Hand geht. Das Gefühl des Belagerungszustandes, das die Bentwoods in ihrem eigenen Haus haben, rührt von den sozialen ›Zuständen‹ her, die sie umgeben, die durch Armut, Verwahrlosung, Alkohol und Drogen sowie Kriminalität geprägt sind. Und doch ist ihre pure Existenz in diesem Viertel ein Zeichen, dass die Veränderung bereits längst begonnen hat. Während sich die Bentwoods bedroht fühlen von den Betrunkenen vor der Tür, wissen die Bewohner der letzten billigen Pension gegenüber, dass ihre Tage hier gezählt sind: Sie werden beschrieben als »very quiet, almost furtive, like the last remaining members of a foreign enclave who, daily, expect deportation«.

Nur ein paar Blocks weiter, in Brooklyn Heights, ist die Entwicklung schon deutlich fortgeschritten, wie sich bei einer Party im eleganten Haus eines erfolgreichen Freundes zeigt. Ganz abgeschlossen ist sie aber nicht: Ein Unbekannter schmeißt während dieser Party einen Pflasterstein durchs Fenster. Letztendlich sind das aber schon Rückzugsgesten, denn aus diesen Straßen ist die bisherige Bevölkerung längst ›erfolgreich‹ verdrängt worden.

Der Roman weist an der Oberfläche nur ein Minimum an Handlung auf, er erstreckt sich über ein Wochenende und konzentriert sich ganz auf Sophie Bentwood und ihren Mann Otto. Dieser ist Anwalt, seine Frau Übersetzerin, die allerdings aufgrund des einträglichen Berufs ihres Mannes nicht arbeiten muss. Die beiden haben sich ihr Haus gekauft, was zwar nur in einem so ›schwierigen‹ Viertel finanziell möglich war, sie aber doch von den meisten der bisherigen Bewohner unterscheidet.

Das Gefühl der Bedrohung, das die Bentwoods haben und das der Roman durchgängig evoziert, ist ebenso konkret wie symbolisch, beide Ebenen durchdringen sich. So sind Einbrüche in dieser Zeit und dieser Gegend natürlich eine reale und nicht einmal unwahrscheinliche Möglichkeit, die Konfrontation mit den Folgen von Drogen- und Alkoholkonsum eine tägliche Angelegenheit. Der konkreteste Einbruch der Außenwelt ist gleichzeitig hoch banal und schon fast zu säuberlich symbolisch angelegt: Sophie versucht aus Mitgefühl, eine streunende Katze zu füttern, doch als sie sie streicheln will, wird sie gebissen. Die Wunde infiziert sich und quält sie das ganze Wochenende über mit starken Schmerzen, aber vor allem fürchtet sie, das Tier könnte tollwütig gewesen sein.

Es ist nicht schwer, Sophies widersprüchliches Verhalten zwischen Ignorieren und unterdrückter Hysterie auf mehr zu beziehen als eine kleine Wunde an der Hand. Die Bentwoods befinden sich inmitten von Umbrüchen – das sich verändernde Brooklyn, aber auch das sich unter dem Vietnamkrieg verändernde Amerika –, sie stehen nach außen erfolgreich in ihrem Leben und sind doch von unausgesprochenen existenziellen Zweifeln geplagt.

> No matter how the Bentwoods look at it, it seems that in their neighborhood, in their city, a kind of war is on. There might be friendliness and cooperation and good faith, too, but one shouldn't pretend there's no battle. On one side the tenants at the boardinghouse look like they »expect deportation,« as though they're in a hostile foreign land. On the other »the besieged« hose vomit off the sidewalks while the invisible lines tighten around them. Both sides think they're losing. Both might be right.

Der Romancier Jonathan Franzen kommentierte den Roman: »I had never read a book before that was about the indistinguishability between an interior crisis and an exterior crisis.« Fox konstruiert geschickt und auf mehreren Ebenen den Gegensatz von innen und außen, die Grenze ist beständig in Gefahr, gewaltsam durchbrochen zu werden, vor allem durch das geschmackvoll eingerichtete Hausinnere, das die Bentwoods vom Müll und der sozialen Verwahrlosung des städtischen Außen abtrennt. Die Katze mit ihren Krallen ist hier ebenso ein Eindringling wie ein stummer Anrufer oder ein Mann von der Straße, der kurz das Telefon benutzen möchte, sowie die befürchteten Tollwutviren in Sophies Körper. Die Vorstellung der Krankheit lässt Sophie ausrufen: »God, if I am rabid, I am equal to what is outside.«

Vor Ort Koch Comics Warehouse

Wenn Sie dieses Buch lesen und danach ihre literarische Reise nach Brooklyn planen, wird es für diesen Tipp vielleicht zu spät sein, aber er soll doch erwähnt werden, weil er so schön in die Mythen des Viertels passt: Seit 25 Jahren konnten Comic-Freunde sich im vielleicht kuriosesten Laden für diese ›neunte Muse‹ eindecken: Koch Comics Warehouse. Der Laden entstand weitgehend ungeplant, Joseph Koch war bereits seit Längerem im Comic-Geschäft, hatte einen Laden, aber auch einen Versandhandel. Als er in den 1980ern für diesen Versand eine neue Lagerhalle suchte, wurde er in Sunset Park fündig, denn die Deindustrialisierung sorgte für ein großes Überangebot und damit günstige Mieten. Unter Comic-Afficionados sprach sich bald herum, dass sich in diesen Hallen ein »warehouse of wonders« finden ließe, eine vor Kisten überquellende überdimensionierte Garage, die entfernt an die Abschlussszene des ersten Indiana-Jones-Filmes erinnerte. Wer kam, konnte sich in den endlosen, weitgehend unorganisierten Regalen auf Schatzsuche begeben und seine Funde in den überall herumstehenden gebrauchten Sofas begutachten – und natürlich kaufen.
Im März 2024 gab Joseph Koch allerdings bekannt, dass die mittlerweile fünf- bis zehnfache Mietsteigerung seit der Gründung dazu geführt hat, dass sich das Geschäft nicht mehr rentiert und vermutlich beendet werden muss. Offizielle Angaben zur Schließung gibt es nicht, aber die gab es ja auch nicht zur Eröffnung.

Jonathan Lethem: *Motherless Brooklyn* / *The Fortress of Solitude*

Während die Bentwoods in Fox' Roman in gewisser Weise an einen Endpunkt gelangt sind – in ihrer Beziehung, ihren Lebensentwürfen und auch in ihrem Verständnis von Amerika –, fing für einen Jungen nur ein paar Häuser weiter sein Weg erst an, er machte seine ersten vorsichtigen Schritte auf der Dean Street. Dies trifft sowohl fiktional wie auch in der Realität zu. Die reale Paula Fox war zu Beginn der 1970er ebenso eine Nachbarin des realen Jonathan Lethem auf der Dean Street wie die fiktionalen Bentwoods Nachbarn des fiktionalen Dylan Ebdus sein könnten, des Protagonisten und partiellen Erzählers von Lethems Roman *The Fortress of Solitude* (2003).

Lethem wurde als ältestes von drei Kindern in Brooklyn geboren, seine Eltern waren Judith Frank Lethem und Richard Brown Lethem, eine politische Aktivistin und ein Maler. Er wuchs dort zunächst in einer Art Kommune auf und ging in Manhattan auf die High School. Erst sein Studium am elitären Bennington College in Vermont ab 1982 machte ihm die Besonderheit seines bisherigen Lebens bewusst, nicht zuletzt die Tatsache, dass er aus armen Verhältnissen kam. Er brach das Studium ab und begab sich per Anhalter, mit nur 40 Dollar in der Tasche, auf die Tausende Meilen lange Reise nach Kalifornien, wo er Schriftsteller werden wollte – die ultimative Flucht, so weit von Brooklyn weg, wie man es sich in Amerika nur vorstellen kann.

Zwölf Jahre verbrachte er in Kalifornien, schlug sich mit Gelegenheitsjobs durch und arbeitete an seiner literarischen Karriere. Er konnte sich mit einer Reihe von Romanen etablieren, veröffentlicht zwischen 1994 und 1998, mit denen er sich als ein Autor auswies, der in postmoderner Weise Science-Fiction-Elemente mit realistischem Erzählen vermischte. Ein für die Zeit typisches Erzählverfahren. 1997 allerdings zog es ihn wieder zurück in seine Brooklyner Heimat und auch sein Schreiben veränderte sich. 1999 erschien mit *Motherless Brooklyn* sein erster

Roman, der nicht der Science Fiction zuzurechnen ist und in Brooklyn spielt.

Ganz verzichtet Lethem allerdings nicht auf den Bezug zu populären, der ›Hochliteratur‹ entgegengesetzten Erzählgattungen, denn der Roman ist sehr stark von der Tradition der ›hardboiled detective fiction‹ und dem damit verwandten Film Noir beeinflusst. Der Erzähler, Lionel Essrog, möchte sich gern in der Tradition solch abgebrühter Ermittler wie Philip Marlowe oder Sam Spade verstehen und er versucht, sein Verhalten ihrem Vorbild anzupassen. Allerdings fehlen ihm dazu einige wichtige Voraussetzungen, nicht zuletzt da er unter einer starken Form des Tourette-Syndroms leidet, was es ihm praktisch unmöglich macht, die gewünschte Coolness zu wahren.

Der Roman beginnt mit dem Mord an Frank Minna, Lionels Mentor und Anführer einer kleinen Gruppe von Außenseitern, zu denen auch Tony, Danny und Gilbert gehören. Frank hatte sie als Jugendliche aus einem Waisenhaus rekrutiert, zunächst für Gelegenheitsaufgaben, dann als Gehilfen eines nicht ganz durchsichtigen Detektivbüros. Franks Tod wird zum Auslöser für Lionels Reise durch die Unterwelt Brooklyns, auf der er versucht, das Geheimnis hinter dem Mord an seinem Chef zu lüften. Diese Suche ist nicht nur eine berufliche Verpflichtung, sondern eine persönliche Mission, die Lionel durch verschiedene Ebenen von Täuschung, Verbrechen und Verrat führt.

Brooklyn selbst ist nicht nur eine Kulisse, sondern eine wichtige Größe in diesem Roman. Lethems Darstellung des Stadtteils hebt die Nachbarschaften, die kulturelle Vielfalt und die sich verändernde Stadtlandschaft hervor. Lionels Reise führt ihn durch verschiedene Teile Brooklyns, wobei jeder Schauplatz anschaulich beschrieben wird, was Lethems intime Kenntnis und Zuneigung zu dem Stadtteil unterstreicht. Die Erkundung von Brooklyn in diesem Roman geht über die physischen Orte hinaus und befasst sich mit den kulturellen und historischen Kontexten, die die Gemeinde geprägt haben. Der Roman beschreibt anschaulich Orte wie Coney Island, Red Hook und die verschiedenen ethnischen Enklaven, die das Gefüge von Brooklyn ausmachen. Die Schauplätze sind von Geschichte und Wandel durchdrungen und spiegeln die reale Entwicklung des Stadtteils wider.

Eines der zentralen Themen von *Motherless Brooklyn* ist die Idee von Zugehörigkeit und Identität, die beide eng mit dem Konzept des Ortes verbunden sind. Für Lionel ist Brooklyn nicht nur ein Ort, sondern ein wesentlicher Teil seiner Identität. Als Waise ist Essrog buchstäblich mutterlos, kann aber in seinem Umfeld ein Selbstbewusstsein ausbilden.

Mit *Motherless Brooklyn* hat sich Lethem erstmalig in die Literaturgeschichte Brooklyns hineingeschrieben, aber es ist der vier Jahre darauf folgende Roman *The Fortress of Solitude* (der, wie manche Kritiker gescherzt haben, den gleichen Titel haben könnte wie sein Vorgänger), der seine definitive Aufarbeitung des Stadtteils darstellt. Gemäß der Tradition so vieler Brooklyn-Texte evoziert der Roman das Gefühl einer historisch, geografisch und kulturell spezifischen menschlichen Erfahrung, sodass es sich fast anfühlt, »als wäre man dabei gewesen«, eine Art der Fremd-Identifikation für die lesende Welt, die laut Aussage von Lethem bestätigt wird durch die Selbst-Identifikation von denen, die die Erfahrungswelt mit seinen Protagonisten teilen:

> I used to joke that it was the *Fortress of Solitude* listening tour because I would be made available in person, and I would say a certain number of things or read a little bit from the book. And then, I would start hearing this testimony coming back at me. »It was like this.« »It was like that.« Or »You got this wrong. You got this right.« Or »That's me, that's my brother. I know who that is, and here's why.« »I can tell what you're doing here.«

Die 1970er waren für ganz New York keine besonders gute Zeit, denn die Stadt rutschte immer weiter in die Verschuldung. Im Oktober 1975, Jonathan Lethem ist gerade elf Jahre alt, ganz ähnlich wie sein fiktionales Alter Ego, steht sie vor dem Bankrott, doch der damalige Präsident der Vereinigten Staaten, Gerald Ford, sperrte sich gegen finanzielle Hilfen des Staates, sodass die *New York Daily News* titelte: »FORD TO CITY: DROP DEAD«. Auf die staatlichen Hilfen folgten allerdings auch staatlich verordnete

Sparmaßnahmen, die viele der urbanen und sozialen Probleme der Stadt zunächst nur verschärften.

Der Roman beginnt damit, dass der Protagonist Dylan Ebdus mit seinen Eltern, Rachel und Abraham Ebdus, in das Brooklyner Viertel Gowanus zieht. Diese Zeit markiert den Beginn von Dylans Kindheit und seinen Erfahrungen mit dem Aufwachsen in einem vielfältigen, sich schnell verändernden städtischen Umfeld. Dylan ist als Weißer in seiner unmittelbaren Umgebung eine absolute Minderheit, was ihn zusammen mit seiner eher zurückhaltenden Natur zum Außenseiter macht. Er freundet sich mit Mingus Rude an, einem afroamerikanischen Jungen mit einem berühmten, aber problembehafteten Musiker als Vater. Ihre Freundschaft steht im Mittelpunkt des Romans und veranschaulicht die Komplexität von Rassismus und persönlicher Loyalität. Die beiden Jungen verbindet die Liebe zu Comics, Graffiti und das Gefühl, allein gelassen zu sein. Beide haben physisch abwesende Mütter und emotional abwesende Väter. Dylans Vater ist ein Künstler, der sich, nachdem ihn seine Frau Rachel verlässt, in sein Studio zurückzieht, um in obsessiver Weise einen experimentellen Film Bild für Bild direkt auf Zelluloid zu malen. Mingus' Vater hat sich vom Musikgeschäft zurückgezogen und verbringt seine Tage mit dem Konsum von Kokain. Für Dylan ist die urbane Geografie um ihn herum von Einsamkeit und latenter Bedrohung charakterisiert:

> The grid of zones, the huddled brownstone streets between prison and projects, Wyckoff Gardens, Gowanus Houses. The whores on Nevins and Pacific. The high-school kids pouring out of Sarah J. Hale all afternoon, black girls already bigger than yo mama, Third Avenue another no-man's-land, the empty lot where they raped that girl. The halfway house. It was all halfway, you walked out of your halfway school and tried to chart a course through your halfway neighborhood to make it back to your own halfway house, your half-empty house.

Dylan ist als Kind einer ähnlichen ›Bedrohung‹ ausgesetzt wie die Bentwoods in Paula Fox' Roman. Doch anders als das wohlsituierte erwachsene Paar kann er sich nicht hinter der Tür seines

Hauses oder eines Taxis schützend zurückziehen – er muss zu Fuß die Straßen navigieren, in denen er sichtbar als Außenseiter erkennbar ist, das heißt in diesem Kontext: als Opfer. Er muss sich seine Wege durch das Viertel gut überlegen, jede Begegnung hält die Möglichkeit einer Konfrontation bereit, aus der er als Unterlegener hervorgehen wird. Hilfe ist kaum zu erwarten: »Adults, teachers, they were as remote as Manhattan was to Brooklyn, blind indifferent towers.« Doch vermutlich gerade wegen dieser fehlenden Distanzierungsmöglichkeit ist sein Blick auf das Brooklyn der 1970er im Gegensatz zu dem der Bentwoods auch stark von Nostalgie geprägt, was bei Lethem vor allem durch die verwendete Sprache ausgedrückt wird.

Und so passt der Roman auch in die Dynamik von Flucht und (geistiger) Rückkehr, die so prägend ist für viele Brooklyn-Geschichten. Die Energie, die in das Entkommen gesteckt wurde, hält sich im Gleichgewicht mit der Gravitation der Erinnerungen, die an diesen Ort zurückführen. Das Ergebnis ist eine mentale Umkreisung von Brooklyn, die Dylans persönliches Leben ebenso charakterisiert wie das Schreiben Lethems in den letzten Jahrzehnten (sowie das von Autoren wie Henry Miller, Bernard Malamud oder Alfred Kazin in den Jahrzehnten davor). Bei Lethem wie bei seinem Protagonisten Dylan steht dabei aber an erster Stelle die kritische Bestandsaufnahme der Veränderungen, die der Stadtteil vor allem in den 1980er und 1990er Jahren erfahren hatte. Dies zeigt sich zum Beispiel durch die zeitliche Organisation des Romans, der bestimmt wird von der Gegenüberstellung des Brooklyns der späten 1970er Jahre und der Jahrtausendwende. Die erste Periode korrespondiert mit Dylans halb traumatischer und halb nostalgischer Kinderperspektive – ein treffendes Verfahren, um die Ambivalenz des Viertels zwischen Niedergang und Hoffnung auf Erneuerung aufzuzeigen. Die zweite entspricht der distanzierten und kritischen Perspektive des erwachsenen Dylan, der als Zurückkehrender die rasanten Veränderungen ebenso wie die partielle Stagnation wahrnimmt. Während ihm die ›Flucht‹ geglückt ist, und ein anderer (ebenfalls weißer) Kindheitsfreund irgendwo zwischen Hipster und Immobilienspekulant reüssieren konnte, hat Mingus den Weg heraus aus der Spirale von Kleinkriminalität, Drogen und Gefängnisaufenthalten nicht gefunden.

Die ›Erfolgsstory‹ von Brooklyns Gentrifizierung gilt eben nicht für alle – im Gegenteil, sie steht für Verdrängung, darin liegt ihre inhärente Ambivalenz. In den beiden Charakteren Isabel Vendle und Rachel Ebdus verkörpert Lethem die beiden einander entgegengesetzten Herangehensweisen an Gentrifizierung, die diese Ambivalenz ausmachen. Isabel, eine Nachbarin der Ebdus und einer der allerersten wohlhabenden Weißen, die in die Gegend zurückgekehrt sind, ist die ›alte weiße Frau‹, die ihr Projekt der Stadtviertelrenovierung geistig irgendwo zwischen einer neokolonialen Besiedlung und einer Unternehmensgründung verortet. Für sie sind die dunkelhäutigeren bisherigen Bewohner der Straße ein zu überwindendes Problem, sie misst den Erfolg ihres Projektes an der Anzahl weißer Gesichter in der unmittelbaren Nachbarschaft. Gleichzeitig strebt sie danach, das ganze Viertel im Sinne des ›Rebranding‹ mit einem neuen Markennamen zu versehen, sodass aus dem alten ›Gowanus‹, mit seiner unschönen Assoziation zum von Industrieabfällen verseuchten Gowanus-Kanal, das elegantere ›Boerum Hill‹ wird. Dass der Name vollkommen an den Haaren herbeigezogen ist – weit und breit ist kein Hügel zu sehen –, spielt dabei keine Rolle. Ja, schlimmer noch, die Inspiration für Boerum wird im Roman nicht auf die direkte holländische Vergangenheit der Gegend zurückgeführt, sondern auf eine Erwähnung des Burenkrieges (Boer War) von 1899–1902, einem der schrecklicheren Kapitel der europäischen Kolonialgeschichte Afrikas.

Im Gegensatz dazu steht Rachels überzeugter, wenn auch naiver Idealismus und Liberalismus. Für sie ist der Umzug in die Dean Street ein Projekt der Integration, dem eine utopische Vorstellung des multikulturellen Zusammenlebens zugrunde liegt. Anders als Isabel zieht sie nicht nach Gowanus, obwohl es dort Schwarze gibt, sondern gerade deswegen. Sie versteht sich als geerdet und nicht abgehoben (»a Brooklyn street kid«), und genau dies möchte sie auch für ihren Sohn Dylan. Der Begriff ›Gentrifizierung‹ taucht im Roman zum ersten Mal auf, als Rachel ihrem Sohn beibringt, ihn zu verachten, denn es handle sich dabei um ein ›Nixon word‹, uncool und reaktionär. Für sie gilt: »Boerum Hill is pretentious bullshit«.

Rachels Idealismus wird allerdings im Roman schnell einer skeptischen Befragung unterzogen. Ihr Wunsch nach einer Welt ohne rassistische Grenzen führt dazu, dass sich ihr Sohn seine gesamte Kindheit und Jugend über in einer Umgebung behaupten muss, in der er aufgrund seiner Hautfarbe – als praktisch einziger Weißer – ausgegrenzt wird. Und die Aufrichtigkeit ihrer Absichten wird spätestens in dem Moment infrage gestellt, als sie die Familie über Nacht verlässt und einfach in ein neues Leben verschwindet. An dieser Stelle modifiziert Lethem sein autobiografisches Material. Zwar hat Rachel viel von seiner wirklichen Mutter, vor allem den Idealismus und den Willen zum politischen Aktivismus. Judith Lethem verstand sich als Hippie, die neben anderen politischen Themen der Zeit wie dem Vietnamkrieg oder Atomkraft auch gegen die Bebauungspläne von Robert Moses demonstrierte, die gewachsene Nachbarschaften in der unmittelbaren Nähe zerstörten. Auch kam es zur Trennung seiner Eltern, doch seine Mutter verstarb an einem Gehirntumor, als Jonathan 13 Jahre alt war, ein traumatisches Ereignis, das immer wieder in seinem Schreiben Niederschlag findet. In einem Interview erklärte er: »My books all have this giant, howling missing [center] – language has disappeared, or someone has vanished, or memory has gone.«

Ein zentrales Motiv des Romans ist, dass Mingus Dylan in die Welt der Graffiti-Kunst einführt. Graffiti ist im Kontext kollektiver und individueller urbaner Identität natürlich hochgradig ambivalent. Als unverständliche und hässliche ›Schmiererei‹ ist es ein visuelles Zeichen des Niedergangs, der Verwahrlosung und Beziehungslosigkeit, denn nur wem die eigene Umgebung egal ist, der ist bereit, sie auch zu verschandeln. Für die Eingeweihten ist Graffiti aber eher das Gegenteil: Ausdruck eines Protestes gegen die Gesichtslosigkeit einer dem Menschen abgewandten modernen Stadtarchitektur (die mit ihren undekorierten betongrauen Flächen ja erst die ›Leinwand‹ bietet) sowie von territorialer Inanspruchnahme. Denn hinter den ›Tags‹ verbergen sich ja die Identitäten sowohl individueller Sprayer als auch von Gruppen, die auf diese Art ihr Territorium markieren. Für diejenigen, die sie lesen können, erschaffen Graffiti daher einen komplexen Raum der gelebten Zugehörigkeiten. Als Dylan nach vielen Jahren nach Brooklyn zurückkehrt, schreibt er: »I saw meanings encoded everywhere on these streets, like the DMD and FMD tags still visible where they'd been sprayed twenty years before.«

Dieser Raum befindet sich im dynamischen Fluss, denn die einzelnen Graffitikünstler kämpfen beständig um die Vorherrschaft, ihren Namen so prominent wie möglich zu machen. Die Ironie daran, die ganz hervorragend in Lethems Motivkomplex der Superhelden passt, ist, dass die so etablierte Identität immer eine geheime bleiben muss. Da es sich bei Graffiti um eine illegale Tätigkeit handelt, kann keiner der Künstler die direkte ›Anerkennung‹ für sich in Anspruch nehmen. So wie die klassischen Superhelden mit ihrer Maskierung und ihren Geheimidentitäten sind sie überall im Stadtbild als Idee präsent, bleiben aber doch in der Masse anonym. Dies entspricht ihrer sozialen Stellung und der damit einhergehenden relativen Machtlosigkeit in der urbanen Entwicklung. Gentrifizierung geht auch mit dem Übermalen von Graffiti einher, und während so die Namen der Künstler nach und nach verschwinden, bleibt der Name ›Boerum Hill‹, auch wenn er »pretentious bullshit« ist, bestehen und findet sich fortan auf allen Stadtplänen wieder.

Nachwort

Quo vadis, Brooklyn? Wohin sich der Stadtteil als Ganzes bewegen wird, lässt sich natürlich nicht sagen. Momentan sieht es danach aus, dass die Gentrifizierung ›gewonnen‹ hat und sich dazu anschickt, auch noch die letzten, abgelegensten Ecken aufzuhübschen und unbezahlbar zu machen. Aus den ›no-go-areas‹ vergangener Jahrzehnte sind ›must-see-places‹ für amerikanische und internationale Touristen geworden, statt Drogendealern gibt es jetzt an jeder Straßenecke Fair-Trade-Cafés. – Und die Künstler? Noch scheinen sie alle da zu sein, wenn es auch von Jahr zu Jahr schwerer wird, die steigende Miete mit der Herstellung von Literatur zu finanzieren. Aber werden sie bleiben und weiterhin ihre Brooklyn-Erfahrung zu Literatur machen, oder zieht es sie bald weiter an einen anderen Ort, der das Neue, Raue, ›echt‹ Authentische und Günstige verspricht? Und wer kommt statt ihrer nach?

1955 war Truman Capote in das Haus in der 70 Willow Street eingezogen, das sich der ehemalige February-House-Mitbewohner Oliver Smith von den Einkünften seiner Bühnenbilder gekauft hatte. Im März 2012 wechselte es zum bisher letzten Mal den Besitzer: Es wurde für sagenhafte 12,5 Millionen Dollar verkauft, damals der teuerste Immobilienhandel in Brooklyn und damit in Amerika, mit der Ausnahme von Manhattan. Der Käufer war dieses Mal Dan Houser, seines Zeichens Mitbegründer des Computerspiel-Entwicklerstudios Rockstar Games. Vielleicht weist dies den Weg in die künstlerische Zukunft Brooklyns. Schließlich sind Rockstar Games verantwortlich für die ungemein populäre *Grand Theft Auto*-Serie, deren erfahrbare und erspielbare Räume alle eindeutig urban sind, den großen amerikanischen Metropolen nachgebildet. Brocklyn heißt der Stadtteil im ersten Teil der Serie und Broker im vierten, erkennbar wird hier mit den Mythen gespielt, die Stadt wird letztendlich zu einem Hauptdarsteller im Spiel. Wer also, der Skepsis von Thomas Wolfes Erzähler aus »Only the Dead Know Brooklyn« folgend, nicht mit dem Stadtplan in der Hand durch die ohnehin längst nicht mehr ›authentischen‹ realen Straßen Brooklyns laufen möchte, wen aber doch die literarischen und autobiografischen Schilderungen von Whitman bis Lethem mit dem Wunsch zurückgelassen haben, dieses mythische ›Brooklyn‹ einmal mit eigenen Augen zu sehen, der kann auch einfach nach dem Controller greifen. Mario und Luigi, die beiden Brüder die zusammen die Super Mario Bros sind, sollen übrigens aus Flatbush (Brooklyn) stammen.

Literatur

Zitatnachweise

Brooklyn ist Amerika

Don DeLillo: Interview mit Robert McCrum 2010.
Lawrence Ferlinghetti: *A Coney Island of the Mind* 1958.
James Baldwin: *Another Country* 1962.

Geschichte

Thomas Wolfe: »Only the Dead Know Brooklyn« [1937] 1987.
Walt Whitman: *Democratic Vistas* [1871] 1982.
Walt Whitman: »Crossing Brooklyn Ferry« [1860] 1982.

Von der Stadt zum Teil

Norman Podhoretz: *Making It* 2017.
Lynne Sharon Schwartz: *Leaving Brooklyn* 2011.
Carson McCullers: »Brooklyn Is My Neighbourhood« 1994.
Jonathan Lethem: Zitiert in Kushner *The Brooklynites* 2007.
Deborah Feldman: *Unorthodox* 2012.

Orte: Brooklyn Bridge

Hart Crane: Zitiert in Fisher *Hart Crane* 2002.
Hart Crane: Zitiert in Reed *Hart Crane* 2010.

Mythos: Niedergang

Jonathan Lethem: Zitiert in Wood 2010.
William Boyle: »Only the Dead Know Brooklyn« 2018.

Betty Smith: *A Tree Grows in Brooklyn*

Betty Smith: *A Tree Grows in Brooklyn* [1943] 2009.

Hubert Selby: *Last Exit to Brooklyn*

Hubert Selby: *Last Exit to Brooklyn* [1964] 2009.
Henry Miller: *Black Spring* 1936.
Hubert Selby: *Last Exit to Brooklyn* [1964] 2009.
Irvine Welsh: Vorwort zu Hubert Selby *Last Exit to Brooklyn* [1964] 2009.
Allen Ginsberg: Zitiert in Schumacher *Dharma Lion* 2016.

Orte: Red Hook

Thomas Wolfe: »Only the Dead Know Brooklyn« [1937] 1987.
N. K. Jemisin: Interview 2020.
Sonia Davis: *The Private Life of H. P. Lovecraft* 1987.
H. P. Lovecraft: Brief an Frank Belknap Long, *Selected Letters* 1965.
H. P. Lovecraft: »The Horror at Red Hook« [1927] 2008.
N. K. Jemisin: *The City We Became* 2020.

Mythos: Community

Bernard Malamud: Zitiert in Davis 2007.
Tim McLoughlin und Thomas Adcock: *Brooklyn Noir 3* 2008.
Philip Dray: »Make a Light« in Chris Knutsen *Brooklyn was Mine* 2008.
Paul Auster: *Three Films* 2003.
Alfred Kazin: *A Walker in the City* 1955.

Bernard Malamud: *The Assistant*

Bernard Malamud: Interview 1975.

Chaim Potok: *The Chosen*

Chaim Potok: Interview in Walden 2001.

Orte: February House

W. H. Auden: *Oxford Poetry* 1927.
Denis de Rougemont: Zitiert in Lahr *The Gang's all here* 2012.
Benjamin Britten: Zitiert in Tippins *February House* 2005.

Mythos: Gentrifizierung

Kate Christensen: *The Astral* 2013.
Harper Lee: Zitiert in Flynt *Mockingbird Songs* 2017.
Kitty Burns Florey: *Solos* 2004.
Nelson George: *Strangers on His Street* 2009.
Monique S. Ferrell: *Sushi in Brooklyn* 2002.

Paula Fox: Desperate Characters

Paula Fox: *Desperate Characters* 1970.

Jonathan Lethem: The Fortress of Solitude

Jonathan Lethem: Interview 2023.
Jonathan Lethem: *The Fortress of Solitude* 2004.

Brooklyn-Romane

Auster, Paul: *The Brooklyn Follies. A Novel.* New York 2006.
Auster, Paul: *Sunset Park.* New York 2010.
Christensen, Kate: *The Astral. A Novel.* New York 2013.
Cohen, Gabriel: *Red Hook.* New York 2014.
Davis, L. J.: *A Meaningful Life.* Vorwort: Jonathan Lethem. New York 2009.
Ellison, Harlan: *Web of the City.* London 2013.
Florey, Kitty Burns: *Solos. A Novel.* New York 2015.
Fox, Paula: *Desperate Characters.* San Diego 1970.
Hesse, Karen: *Brooklyn Bridge.* New York 2008.
LaValle, Victor: *The Ballad of Black Tom.* New York 2016.
Lethem, Jonathan: *The Fortress of Solitude.* New York 2004.
Lethem, Jonathan: *Motherless Brooklyn.* New York 2011.
Lethem, Jonathan: *Brooklyn Crime Novel.* New York 2023.
Malamud, Bernard: *The Assistant.* New York 2003.
Malamud, Bernard: *The Magic Barrel.* New York 2003.
Malamud, Bernard: *The Tenants.* New York 2003.
Marshall, Paule: *Brown Girl, Brownstones.* New York 2012.
McLoughlin, Tim: *Brooklyn Noir.* New York 2004.
Nadelson, Reggie: *Red Mercury Blues.* London 2006.
Pochoda, Ivy: *Visitation Street.* London 2014.
Potok, Chaim: *The Chosen.* New York 1967.
Rakoff, Joanna: *A Fortunate Age. A Novel.* New York 2009.
Rayfiel, Thomas: *Parallel Play. A Novel.* New York 2009.
Rosenfeld, Lucinda: *Class. A Novel.* Boston 2017.
Roth, Henry: *Call It Sleep.* New York 2005.
Schwartz, Lynne / Ursula Hegi: *Leaving Brooklyn.* New York 2011.
Selby, Hubert: *Last Exit to Brooklyn.* New York 2009.
Shearn, Amy: *The Mermaid of Brooklyn.* New York 2014.
Smith, Betty: *A Tree Grows in Brooklyn.* New York 2009.
Sohn, Amy: *Prospect Park West. A Novel.* New York 2014.
Styron, William: *Sophie's Choice.* London 2004.
Tóibín, Colm: *Brooklyn. A Novel.* New York 2009.
Tóibín, Colm: *Long Island.* New York 2024.
Woodson, Jacqueline: *Another Brooklyn. A Novel.* New York 2017.

Brooklyn-Memoiren

Ellison, Harlan: *Memos from Purgatory*. New York 2014.

Feldman, Deborah: *Unorthodox. The Scandalous Rejection of My Hasidic Roots. A Memoir*. New York 2012.

Jackson, Bruce: *Never Far from Home. My Journey from Brooklyn to Hip Hop, Microsoft, and the Law*. New York 2023.

Jay-Z: *Decoded*. New York 2010.

Kazin, Alfred: *A Walker in the City*. San Diego 1979.

King, Larry / Martin Appel: *When You're from Brooklyn, Everything Else Is Tokyo*. Boston 1992.

Lazar, David: *The Body of Brooklyn*. Iowa City 2012.

Minkowitz, Donna: *Growing up Golem. How I Survived My Mother, Brooklyn and Some Really Bad Dates*. New York 2013.

Pasulka, Nicole: *How You Get Famous. Ten Years of Drag Madness in Brooklyn*. New York 2022.

Podhoretz, Norman: *Making It*. New York 2017.

Thomas, Amy: *Brooklyn in Love. A Delicious Memoir of Food, Family, and Finding Yourself*. Naperville 2018.

Sonstige Literatur

Adcock, Thomas / Tim McLoughlin (Hg.): *Brooklyn Noir 3*. New York 2008.

Auden, D. H.: *Oxford Poetry*. Oxford 1927.

Auster, Paul: *Three Films*. New York 2003.

Boyle, William: »Only the Dead Know Brooklyn. Crime, Books, and Growing Up in the Old Brooklyn.« In: *CrimeReads*, 1.5.2018.

Jemisin, N. K.: *The City We Became*. London 2020.

Knutsen, Chris / Valerie Steiker (Hg.): *Brooklyn Was Mine*. New York 2014.

Powers, Alice Leccese / Andrea Wyatt (Hg.): *The Brooklyn Reader. Thirty Writers Celebrate America's Favorite Borough*. New York 1995.

Ferlinghetti, Lawrence: *A Coney Island of the Mind. Poems*. New York 1958.

Ferrell, Monique S.: »Sushi in Brooklyn. A Dedication to Walt Whitman«. In: *The Antioch Review* 60 (2002) H. 3.

Knutsen, Chris / Valerie Steiker (Hg.): *Brooklyn was Mine*. New York 2008.

Lovecraft, H. P.: *The Fiction. Complete and Unabridged*. New York 2008.

Lovecraft, H. P.: *Selected Letters, 1911–1924*. Hg. von August Derleth und Donald Wandrei. Sauk City 1965.

McCullers, Carson: »Brooklyn Is My Neighborhood«. In: *The Brooklyn Reader*. Hg. von Andrea Wyatt Sexton und Alice Leccese Powers. New York 1994. S. 143–7.

Miller, Henry: *Black Spring*. Paris 1936.

Whitman, Walt: *Complete Poetry and Collected Prose*. New York 1982.

Wolfe, Thomas: *The Complete Short Stories of Thomas Wolfe*. New York 1987.

Kushner, Seth (Hg.): *The Brooklynites*. New York 2007.

Sekundärliteratur

Informationen über Brooklyn

Alexiou, Joseph: *Gowanus: Brooklyn's Curious Canal*. New York 2015.

Benardo, Leonard / Jennifer Weiss: *Brooklyn by Name. How the Neighborhoods, Streets, Parks, Bridges, and More Got Their Names*. New York 2006.

Bradley, Cisco: *The Williamsburg Avant-Garde. Experimental Music and Sound on the Brooklyn Waterfront*. Durham 2023.

Bullard, Melissa Meriam: *Brooklyn's Renaissance. Commerce, Culture, and Community in the Nineteenth-Century Atlantic World*. Cham 2017.

Campanella, Thomas J.: *Brooklyn. The Once and Future City*. Princeton 2019.

Campo, Daniel: *The Accidental Playground. Brooklyn Waterfront Narratives of the Undesigned and Unplanned*. New York 2013.

Caro, Robert A.: *The Power Broker. Robert Moses and the Fall of New York*. New York 1975.

Cobb, Geoffrey: *Greenpoint Brooklyn's Forgotten Past*. New York 2015.

DeSena, Judith N.: *Gentrification and Inequality in Brooklyn. The New Kids on the Block*. Lanham 2009.

DeSena, Judith N.: *The World in Brooklyn. Gentrification, Immigration, and Ethnic Politics in a Global City*. Lanham 2012.

Deutsch, Nathaniel / Michael Casper: *A Fortress in Brooklyn. Race, Real Estate, and the Making of Hasidic Williamsburg*. New Haven 2021.

Eliot, Marc: *Song of Brooklyn. An Oral History of America's Favorite Borough*. New York 2008.

Fischer, Joshua D.: *Meet the Regulars. People of Brooklyn and the Places They Love*. New York 2016.
Ford, Carole Bell: *The Girls. Jewish Women of Brownsville, Brooklyn, 1940-1995*. New York 2000.
Gallagher, John J.: *Battle of Brooklyn 1776*. Boston 1999.
George, Nelson: »Strangers on His Street.« In: *New York Times*, 3.4.2009.
Golenbock, Peter: *In the Country of Brooklyn. Inspiration to the World.* New York 2014.
Hamm, Theodore: *Frederick Douglass in Brooklyn*. New York 2017.
Hymowitz, Kay S.: *The New Brooklyn. What It Takes to Bring a City Back*. Lanham 2019.
Livingston, E. A.: *Brooklyn and the Civil War*. Charleston 2012.
John B. Manbeck: *Chronicles of Historic Brooklyn*. Vorwort: Marty Markowitz. Charleston 2013.
McGuire, Craig: *Brooklyn's Most Wanted. The Top 100 Criminals, Crooks and Creeps from the County of the Kings*. Denver 2017.
Mose, Tamara R.: *Raising Brooklyn. Nannies, Childcare, and Caribbeans Creating Community*. New York 2011.
Murphy, Robert E.: *The Three Graces of Raymond Street. Murder, Madness, Sex, and Politics in 1870s Brooklyn*. New York 2015.
Osman, Suleiman: *The Invention of Brownstone Brooklyn. Gentrification and the Search for Authenticity in Postwar New York*. Oxford 2011.
Peacock, James: »Those the Dead Left Behind Gentrification and Haunting in Contemporary Brooklyn Fictions«. In: *Studies in American Fiction* 46 (2019) 1, S. 131–156.
Prentzas, G. S.: *The Brooklyn Bridge*. New York 2009.
Rabinowitz, Richard: *Objects of Love and Regret. A Brooklyn Story*. Cambridge 2022.
Racioppo, Larry: *Brooklyn Before. Photographs, 1971-1983*. Ithaca 2018.
Rauscher, Raymond Charles / Salim Momtaz: *Brooklyn's Bushwick – Urban Renewal in New York, USA. Community, Planning and Sustainable Environments*. Cham 2014.
Shapiro, Mary J. (Hg.): *A Picture History of the Brooklyn Bridge*. Dover 1983.
Shepard, Benjamin Heim / Mark J. Noonan: *Brooklyn Tides. The Fall and Rise of a Global Borough*. Bielefeld 2018.
Sicherman, Miriam: *Brooklyn's Barren Island. A Forgotten History*. Chicago 2019.
Tippins, Sherill: *February House*. Boston 2005.

Trinch, Shonna L. / Edward Snajdr: *What the Signs Say. Language, Gentrification, and Place-Making in Brooklyn*. Nashville 2019.
Wagner, Erica: *Chief Engineer. Washington Roebling. The Man Who Built the Brooklyn Bridge*. New York 2017.
Wasielewski, Amanda: *Made in Brooklyn. Artists, Hipsters, Makers, and Gentrification*. Winchester 2018.
Watson, Robert P.: *The Ghost Ship of Brooklyn. An Untold Story of the American Revolution*. New York 2017.
Webster, Nancy / David Shirley: *A History of Brooklyn Bridge Park. How a Community Reclaimed and Transformed New York City's Waterfront*. New York 2016.
Weld, Ralph Foster: *Brooklyn Is America*. New York 1950.
Wellman, Judith: *Brooklyn's Promised Land. The Free Black Community of Weeksville, New York*. New York 2014.

Zur Literatur Brooklyns

Abramson, Edward A.: *Bernard Malamud Revisited*. New York 1993.
Baldwin, James: *Another Country*. New York 1962.
Bevilacqua, Winifred Farrant: »›Great or Small, You Furnish Your Parts Toward the Soul‹. Walt Whitman's ›Crossing Brooklyn Ferry‹«. In: *Philosophy and Literature* 39 (2015) 1A, A142-A155.
Bloom, Harold: *Chaim Potok's the Chosen*. Philadelphia 2005.
Brasher, Thomas L.: *Whitman as Editor of the »Brooklyn Daily Eagle«*. Detroit 1970.
Brooker, Joseph: *Jonathan Lethem and the Galaxy of Writing*. London 2019.
Clarke, Jamie / Jonathan Lethem: *Conversations with Jonathan Lethem*. Jackson 2011.
Clerc, Charles: »Voyeurism at 50. The Achievements of Malamud's ›The Assistant‹«. In: *Studies in American Jewish Literature* 26 (2007), S. 48–55.
Crane, Hart: *Hart Crane's ›The Bridge‹. An Annotated Edition*. Hg. von Lawrence Kramer. New York 2011.
Davis, Philip: *Bernard Malamud. A Writer's Life*. Oxford 2007.
Davis, Sonia: *The Private Life of H. P. Lovecraft*. West Warwick 1987.
Fisher, Clive: *Hart Crane. A Life*. New Haven 2002.
Flynt, Wayne: *Mockingbird Songs. My Friendship with Harper Lee*. London 2017.
Gabriel, Daniel: *Hart Crane and the Modernist Epic. Canon and Genre Formation in Crane, Pound, Eliot, and Williams*. New York 2007.

Gilbert, Roger: »From Anxiety to Power. Grammar and Crisis in ›Crossing Brooklyn Ferry‹«. In: *Nineteenth-Century Literature* 42 (1987) 3, S. 339–361.

Giles, James Richard: *Understanding Hubert Selby, Jr.* Columbia 1998.

Greenspan, Ezra (Hg.): *The Cambridge Companion to Walt Whitman.* Cambridge 1999.

Griffith, John: »Malamud's ›The Assistant‹«. In: *The Explicator* 31 (1972) 1, S. 1–5.

Hughes, Evan: *Literary Brooklyn. The Writers of Brooklyn and the Story of American City Life.* New York 2013.

Irwin, John T.: *Hart Crane's Poetry. Appollinaire Lived in Paris, I Live in Cleveland, Ohio.* Baltimore 2014.

Jemisin, N. K.: Interview. In: *The New Yorker Radio Hour*, 8.9.2020.

Killingsworth, M. Jimmie: *The Cambridge Introduction to Walt Whitman.* Cambridge 2007.

Lahr, John: »The Gang's all here«. In: *The New Yorker*, 28.5.2012.

Lethem, Jonathan: Interview. In: *Electric Literature*, 3.10.2023.

Lewis, Richard Warrington Baldwin: *The Poetry of Hart Crane. A Critical Study.* Princeton 2015.

Luter, Matthew: *Understanding Jonathan Lethem.* Columbia 2015.

Malamud, Bernard: Interview. In: *The Paris Review* 61, 1975.

McCrum, Robert: Interview mit Don DeLillo. In: *The Guardian*, 8.8.2010.

Peacock, James: *Brooklyn Fictions. The Contemporary Urban Community in a Global Age.* London 2016.

Peacock, James: *Jonathan Lethem.* Oxford 2014.

Peavy, Charles D.: »The Sin of Pride and Selby's ›Last Exit to Brooklyn‹«. In: *Critique: Studies in Contemporary Fiction* 11 (1969) 3, S. 35–42.

Reed, Brian M.: *Hart Crane. After His Lights.* Tuscaloosa 2010.

Schumacher, Michael: *Dharma Lion: A Biography of Allan Ginsberg.* Minneapolis 2016.

Simmons, David (Hg.): *New Critical Essays on H. P. Lovecraft.* New York 2013.

Walden, Daniel: *Conversations with Chaim Potok.* Jackson 2001.

Weber, Brom (Hg.): *The Letters of Hart Crane, 1916-1932.* Oakland 2022.

Wood, Gaby: »Jonathan Lethem on the streets of Brooklyn«. In: *The Observer*, 10.1.2010.

Brooklyn, New York City, USA